Chinese
Think Tanks Report
总编 / 权衡　副总编 / 干春晖

中国智库报告
（2024）
进一步全面深化改革与中国新型企业智库建设

Chinese Think Tanks Report（2024）
Further Deepening Reform Comprehensively and the Development of New-Type Corporate Think Tanks in China

陶希东　杨亚琴　等　编著

上海社会科学院出版社
SHANGHAI ACADEMY OF SOCIAL SCIENCES PRESS

编 委 会

上海社会科学院智库研究中心简介

一、基本情况

上海社会科学院智库研究中心（以下简称中心）成立于2009年，是全国第一家专门开展智库研究的学术机构。中心使命是顺应现代化智库发展新趋势，立足中国实际，紧紧围绕智库发展的重大问题做好智库研究和智库产品转化，建立与国内外重要智库的联系，为推进中国特色新型智库建设服务。

中心创办者，上海市第十届政协副主席，上海社会科学院原党委书记、院长王荣华教授等一批学者较早开展社会主义新智库的理论研究与实践探索，率先提出上海社会科学院构建国内一流、国际知名社会主义新智库的目标。多年来，中心聚焦智库前沿性、前瞻性和重大战略性问题研究，充分发挥上海社会科学院国家高端智库影响力，积极组织、参与各种形式的国内外智库交流合作，持续推出一系列兼具连续性、原创性和影响力的智库研究成果，逐步形成《中国智库报告》《上海新智库专报》与“当代国际智库译丛”等系列品牌成果。

二、重要品牌成果

一是《中国智库报告》。2014年以来，中心连续研究并发布《中国智库报告》，对中国智库发展进行持续跟踪观察，至今已发布10本。

《中国智库报告》每年聚焦一个主题，立足中国智库发展现状，梳理年度智库研究热点，聚焦中国智库建设存在的主要问题，提炼出有助于智库高质量发展的观点与建议，已成为智库研究领域关注度高、影响力大的报告之一。

二是《上海新智库专报》。《上海新智库专报》是一个多领域、多视角、站位高、贴近现实问题的决策咨询产品，是连通专家学者和决策层的重要桥梁和纽带，是智库产品转化的重要平台和载体，直接报送上海市领导决策参考，获得国家和上海市有关领导的大量肯定性批示。

三是智库研究系列著作。2010 年开始，中心组织编写了一系列智库研究著作，包括《智库、公共政策和专家治策的政治学》《中国智库竞争力建设方略》《国际著名智库研究》《新智库的探索与实践》《思想的力量：中国智库案例集萃》《思想的版图：全球智库发展概览》等。

四是"当代国际智库译丛"。中心紧跟国际智库研究前沿，跟踪不同国家与地区智库发挥作用的机制及发展动态，自 2016 年起持续推出"当代国际智库译丛"，现已出版《美国与欧盟智库：华盛顿与布鲁塞尔政策研究机构比较》《智库的催化作用：转型国家的改革之路》《智库能发挥作用吗？——公共政策研究机构影响力之评估》《欧洲智库政治》《智库与非传统安全：亚洲企业家治理》等 7 本。

前　言

中国特色新型智库是中国国家治理体系和治理能力现代化的重要组成部分。始终坚持与时俱进、因势利导，不断提高研究质量和决策咨政能力，是新型智库建设与发展的核心和关键。2024年度，从全球视角看，全球经济在低增长状态下保持稳定，但增长动能不足，同时数字经济在全球经济中的占比已达到45%，成为全球经济增长的核心驱动力。人工智能、量子计算等前沿科技领域的商业化进程不断加速，不仅推动了各行业的生产效率提升，还创造了大量新兴职业。“全球南方”国家的崛起也为经济增长带来了新的平衡与机遇。然而，地缘冲突、保护主义倾向、不确定性依然明显，全球产业链供应链仍在深刻重构，全球科技“去全球化”趋势愈发明显。从国内视角看，2024年党的二十届三中全会胜利召开，对进一步全面深化改革、推进中国式现代化做出部署，面对外部压力加大、内部困难增多的复杂严峻形势，在以习近平同志为核心的党中央坚强领导下，全国各族人民砥砺奋进、攻坚克难，经济运行总体平稳、稳中有进，高质量发展扎实推进，新质生产力稳步发展，我国经济实力、科技实力、综合国力持续增强，中国式现代化迈出新的坚实步伐。因此，顺应外部环境变化以及党中央重大决策部署和改革要求，加快自身改革创新，提高研究质量与管理效率，产出更多高水平成果，为进一步全面深化改革、发展新质生产力、提升国家软实力、建设中国式现代化等提供智力支撑，是当下中国特色新型智库建设需承担的新使命、新任务。

企业智库是中国特色新型智库体系的重要组成部分。企业智库作为创新驱动发展的核心力量，能够为企业的高质量发展提供智力支持，推动产业升级和技术创新。因此，本报告作为上海社会科学院智库研究中心的第十本《中国智库报告》，选择“进一步全面深化改革与中国新型企业智库建设”为研究主题，是紧扣党的二十届三中全会精神、服务国家战略全局的必然要求。党的二十届三中全会明确提出“构建高水平社会主义市场经济体制”“深化国资国企改革”“推动国有资本和国有企业做强做优做大”“加快建设世界一流企业”“因地制宜发展新质生产力”，并强调以进一步全面深化改革为动力促进稳增长、调结构、防风险，增强经济核心功能与提升核心竞争力。在此背景下，中国企业智库作为连接政策与实践的桥梁，亟须提供更高质量、更具针对性、更有前瞻性的研究成果，在进一步全面深化改革中发挥战略支撑作用。

为此，我们聚焦企业智库，通过现场调研、问卷调查、文献分析、案例剖析、专家座谈等多种方式，旨在对中国新型企业智库做出界定，并总结近年来我国企业智库建设与发展的现状特征、基本经验、问题挑战，进而提出进一步促进企业智库发展的思路和建议，为提升企业智库的决策影响力提供参考。课题组主要走访了中国国际工程咨询有限公司、中信改革发展研究基金会等国家高端智库培育单位，国务院国有资产监督管理委员会研究中心、上海市国资国企改革发展研究中心等企业智库管理部门，以及中国移动通信有限公司研究院、中国联合网络通信有限公司研究院、国网能源研究院、中车工业研究院有限公司、水电水利规划设计总院、上海技术交易所、零点有数、和君集团、第一财经研究院、华略智库、上咨集团智库研究中心、福卡智库、中欧陆家嘴国际金融研究院、上海国有资本运营研究院、临港集团战略发展部等国内重点企业智库，整个调研历时半年之久，收集了大量的一手资料。

本报告包括全景篇、主题篇、学术篇、案例篇和附录篇五个部分。其中，全景篇从中国智库发展的总体出发，分析了 2024 年度中国智库发展面临的国内外新形势及挑战，多维度展示了 2024 年中国智库建设发展的总体格局和发展图景，同时梳理总结了国内智库关注的年度重大议题，以期展示中国特色新型智库建设与发展的最新动态。主题篇聚焦中国企业智库，通过理论阐释和实证调查研究，在界定中国特色新型企业智库内涵的基础上，系统分析了中国企业智库建设的现状特征、主要经验、主要问题等，提出了促进企业智库高质量发展的思路和建议。学术篇基于企业智库数字化转型、智库发展优势、国际经验等维度，选择我国央企智库数智化能力建设、央企智库的交叉优势及其形成机理、日本企业智库发展特征三个重点议题，进行了理论和实践相结合的学理性研究，旨在得出更具前瞻性、创新性的研究结论。案例篇基于已经积累有一定经验，兼顾央企与地方国企智库、民营企业智库并契合上海城市功能的专业特色鲜明等逻辑，主要选择了中国石油集团经济技术研究院、中信改革发展研究基金会、中国国际工程咨询有限公司、国泰君安研究所、零点有数 5 家企业智库，进行了发展成效、经验总结和展望分析，实现了“既见森林、又见树木”的研究效果。附录篇主要包括 2024 年度中国智库发展大事记和企业智库建设情况调研问卷。

综上，本报告旨在通过对 2024 年度全球和国内经济社会、科技发展趋势的深入研究，聚焦国内企业智库建设的最新成就、问题挑战与创新路径，助力企业智库在复杂多变的环境中把握机遇、应对挑战，实现高质量可持续发展。这不仅是企业智库应对当前市场变化的需要，而且是以高质量研究助推国家有效发挥经济体制改革牵引力的关键所在。因学识和能力有限，报告中难免存在疏漏和不足，恳请读者朋友们指正。

目　录

全　景　篇

主　题　篇

学 术 篇

案 例 篇

附 录 篇

全景篇

一、中国智库发展的国内外背景及影响

（一）全球经济发展主要趋势

2024年，是全球经济向新的发展阶段转型的重要年份，经济全球化形态在大国竞争背景下由要素全球自由流动向有重点、有约束的区域性流动进一步变化，跨国经济互动模式由“效率优先”的相互依赖向“安全-效率”兼顾的相互依存进一步转变，经贸合作机制则由“大多边机制”向“区域化”进一步调整。另一方面，“全球南方”等全球经济主体增量的地位作用则得到各方的关注。

1. 全球化要素流动受地缘风险等一系列不确定性因素影响，导致全球经济增长速度趋缓，显示出慢速全球化（slowbalization）状态

在地缘冲突与非传统安全因素等重大变化影响下，以美、欧为主要代表的发达经济体，以及以中国为核心的新兴经济体的经济增长仍然

受到较大约束，部分经济体甚至呈现负增长的态势。要素流动呈现出全球流动趋缓、区域流动加速的趋势。据联合国《2024 年世界经济形势与展望》报告预测，在风险和不确定性挥之不去的背景下，全球国内生产总值增长预计将从 2023 年的 2.7％放缓至 2024 年的 2.4％。预计 2025 年增长率将温和改善至 2.7％，但仍将低于疫情前 3.0％的增长率趋势。

2. 跨国公司行为受发达国家国家主义回归约束，导致全球分工体系与价值链进一步重组，分工结构由垂直趋向扁平化

2024 年，美国联合部分发达国家仍全力推进“友岸外包”“近岸外包”策略，叠加各国经济与政治政策“内向化”“保守化”趋势，使西方跨国公司普遍采取多元的供应链布局模式。垂直分工的“层级式”全球化场景正在被“区块化”“分布式”的全球经济互动结构所取代。世界银行 2024 年发布的《全球经济展望》指出，部分发达经济体的企业已持续重新评估其全球供应链敞口，并加大对本国或地区的投资。

3. 供应链的“安全＋效率”导向，导致国际产业体系多中心布局，各主要经济体积极发展关键性产业体系

供应链的安全与效率已成为跨国公司在成本-收益框架之外考虑的重要因素。在这种情况下，跨国公司进一步调整价值链分工与供应链的空间布局。安全性已成为跨国公司进行要素配置的重要考量因素。追求冗余度（redundancy），避免产业简单回流（reshoring）成为确保供应链安全的重要原则。在经济刺激与企业回流双重影响下，欧美区域正在形成新的先进制造业与生产性服务业中心，同时，中国与新兴经济体的制造业体系也在不断完善，多中心、分散化的“竞争性”全球产

业分布格局正在出现。联合国《2023年世界投资报告》指出，全球基础设施和全球价值链密集型产业项目数量增加，能源项目数量稳定。面临供应链重组压力的全球价值链密集型行业，包括电子、汽车和机械行业，项目数量和价值都有所增长。

4. 经贸合作的多边主义遭遇困境，导致经贸规则重塑、区域化趋势加强

美欧等区域国家内向化政策的中长期影响与地缘冲突等短期冲击相叠加，使传统的以大规模中间品贸易、生产要素全球性直接流动为特征的贸易格局进一步调整。同时，2024年，美国、欧盟对中国电动汽车直接加征关税，加拿大及其他国家亦采取了类似措施，反映出发达经济体在国际贸易中绕过以世界贸易组织（WTO）为代表的多边机制的态势。而在全球多边贸易体系框架的基础上，以《区域全面经济伙伴关系协定》（RCEP）为代表的区域多边贸易体系则持续发展。英国经济学人智库（EIU）《2024年全球经济展望》指出，地缘政治紧张局势，以及俄乌冲突和中美竞争加剧的地缘政治紧张局势，将导致世界经济更加碎片化和区域化，拖累增长潜力。从国际贸易类别的趋势上看，全球货物贸易的流量增长相较以往趋缓，而服务贸易、数字贸易的规模进一步增加，这将促进服务贸易规则、数字贸易规则的地位提升，进而促进经贸规则重塑。

5. 全球经济增长乏力，导致各方高度关注“全球南方”作为新增长极的发展潜力

拥有庞大人口与增长潜力的“全球南方”国家，被普遍视为保持全球化持续发展的关键增量。国际劳工组织（ILO）发布的《全球就业与

社会展望 2024》报告预计,2024—2025 年,低收入发展中国家的就业增长率将从 2023 年的 3.0%分别增长至 3.2%和 3.3%。中低收入国家增长率为 1.2%与 2.0%。而中高收入国家增长率仅为 0.3%和 0.4%,高收入国家甚至出现负增长现象。发达国家与发展中国家的就业增长差异表明,“全球南方”的发展中国家已具备更为强劲的经济增长与就业发展潜力。

(二) 世界地缘政治格局的重大变化及趋势

2024 年全球局部冲突和战争相交织,世界大国围绕地缘政治的竞争进一步加剧,但和平与发展仍是世界各国的共同追求。在欧美等传统西方国家,政治保守主义乃至民粹主义势力继续上升,并外溢至一些发展中国家,使得冷战后盛行一时的新自由主义国际秩序面临巨大挑战。特别是 2024 年底鼓吹“让美国再次伟大”(MAGA)的前一任总统特朗普在美国大选中获胜,进一步增加了未来美国对外政策和国际政治的不确定性。与此同时,以中国、印度、巴西、南非等为代表的“非西方国家”或“全球南方”力量快速崛起,并通过金砖国家合作机制和上海合作组织(SCO)等跨国平台加强了合作与协调。在全球范围内,欧洲、中东、亚太和非洲地区依然是全球地缘政治争夺的焦点所在。

1. 在欧洲地区,俄罗斯与乌克兰之间的战争至今仍未停息

俄乌冲突降低了国际社会爆发武装冲突(包括核危机)的门槛,诱发了欧洲国家对于俄罗斯的安全焦虑和不满情绪,加剧了双方的对立和仇恨,并为已经陷入“脑死亡”的北约注入了新的活力和生命。与此同时,美国推动下的对俄制裁和外交孤立切断了冷战后的俄欧战略和

解进程，使近年来双方在经贸、能源等领域形成的相互依赖与战略合作化为乌有。即便未来俄乌冲突得到缓解，俄欧双方的战略互信和经济相互依赖也不可能迅速得到恢复。

2. 在中东地区，加沙冲突持续升级和蔓延

由于中东地区复杂的地缘政治竞争、民族宗教矛盾和外部霸权主义干涉等因素影响，国际社会始终无法在解决加沙冲突问题上达成有效共识。与此同时，黎巴嫩真主党、也门胡塞武装等非国家行为体武装的加入大大增加了局势的复杂性。一方面，以色列为寻求重建地区战略威慑，不惜与伊朗进行直接军事对抗，并在叙利亚和黎巴嫩南部地区开展了一系列毫无底线的军事行动；另一方面，在土耳其等国或明或暗的推动下，叙利亚内战再起，阿萨德政权出人意料地轰然倒台，使伊拉克战争以来逐渐形成的“什叶派轴心”“新月地带”面临空前战略压力。中东地缘政治由此出现了新一轮洗牌，各国内部发展转型、地区秩序重构和全球秩序重塑的叠加现象仍在持续。

3. 在亚太地区，中美围绕地区秩序和战略主导权的争夺进一步复杂化

韩国尹锡悦政权的政策失误不仅引发韩国新一轮政治动荡，也延缓了美、日、韩继续强化军事合作的步伐。面对拜登政府公开反对和特朗普卷土重来的事实，日本石破茂内阁上台初期的“亚洲版北约”设想无异于镜花水月，不得不转而寻求加强对华合作。在南海和东南亚地区，尽管美国加强了对菲律宾小马科斯政府的军事和外交支持，但这一有违地区稳定的做法并未得到其他国家的支持，大多数国家基于自身利益而拒绝在中美之间“选边站”。

4. 在非洲地区,一方面,世界大国围绕该地区的地缘政治、军事安全、战略资源和贸易等领域的争夺有所上升,另一方面,其在全球地缘政治中的战略地位也进一步凸显

相比之下,受自身社会治理能力、族群矛盾及全球反恐战争“挤出效应”等因素影响,非洲地区正在成为全球恐怖活动的重灾区。2024年美国情报界发布的《全球威胁评估报告》明确指出,“逊尼派全球圣战的重心已经转向了非洲”。① 澳大利亚经济与和平研究所(IEP)公布的2024年《全球恐怖主义指数》也指出:撒哈拉以南非洲已成为“受恐怖主义影响最为严重的地区”,其次才是中东和北非(MENA)地区。在撒哈拉以南非洲地区中,横跨非洲的萨赫勒(Sahel)地带又是受恐怖活动影响最严重的地区。2023年全球受恐怖主义活动影响最严重的10个国家中,有5个位于萨赫勒地区。②

(三) 世界科技创新的最新动态与发展趋势

科技创新是世界经济与社会发展的重要变量,也是智库变革发展的重要参数,既带来机遇又提出挑战。正如习近平总书记所说:“现在,我们迎来了世界新一轮科技革命和产业变革同我国转变发展方式的历史性交汇期,既面临着千载难逢的历史机遇,又面临着差距拉大的严峻

① Office of the Director of National Intelligence(DNI), *Annual Threat Assessment of the US Intelligence Community*, United States of America, Washington, DC, February 5, 2024, p.38.

② Institute for Economics & Peace, *Global Terrorism Index 2024: Measuring the Impact of Terrorism*, Sydney, February 2024, p.4.

挑战。”①纵观2024年的世界科技创新与实践发展，主要表现为以下三个趋势：

1. 以人工智能为代表的全球科技创新不断迭代升级，全方位重塑形成人类经济创新和社会变革新图景

2024年，人工智能领域迎来历史性时刻和重大发展，从算法创新到应用场景落地，呈现出多元化趋势。国外OpenAI推出了视频生成大模型Sora，国内字节跳动也推出了旗下的AI工具“豆包”，这一创新标志着AI技术从文本生成迈向视频生成的新阶段，将“视频生成”从实验室概念转变为能够模拟现实世界的强大工具。12月Deepseek发布V3大模型并同步开源。目前全球范围内使用的活跃人工智能模型超过10亿个。

在太空探索领域，中国嫦娥六号实现世界首次月球背面采样返回，为月球研究提供了珍贵样本，太空旅行进入商业化时代，我国商业航天公司深蓝航天预售载人飞船亚轨道旅行船票，SpaceX的星舰在可重复使用技术上取得重要进展。

在量子计算领域，2024年12月，谷歌推出最新量子芯片“willow”，解决了量子纠错领域近30年的关键难题，其计算速度远超超级计算机，为未来的科技发展提供了更强大的算力支持。

在生物医疗领域，脑机接口加速迈向产业化，我国研究团队在植入式硬膜外电极脑机接口辅助治疗上取得突破性进展，神经链接(Neuralink)公司完成首例人体植入，新一代异体通用型CAR－T疗法获突破，为风湿免疫性疾病患者带来希望。

---

① 习近平：《在中国科学院第十九次院士大会、中国工程院第十四次院士大会上的讲话》，《人民日报》2018年5月29日。

在能源领域，绿色能源发展迅猛，太阳能、风能等可再生能源发电量占比首次突破30%，2024年全球电动车销量再创新高，达到1 500万辆，同比增长35%；储能技术也取得突破性进展，如谷歌携手美国可再生能源开发和服务商(Intersect Power)公司和上善睿思气候基金(TPG Rise Climate)，创新性地将数据中心与清洁能源项目协同布局，通过AI技术优化能源效率，推进24/7无碳能源计划的实施，减少新的传输需求，提升了电网利用效率；我国首个工厂化海水制氢科研项目建成，推动了氢能的产业化发展。

在科技产品领域，华为原生鸿蒙操作系统开启公测，成为全球第三大移动操作系统。可弯曲智能手机在巴塞罗那世界移动通信大会上亮相，展现了未来手机的创新形态。

每一项成就都闪耀着智慧的光芒，照亮我们前行的道路，全球科技创新进入空前密集活跃的时期，新一轮科技革命和产业变革正在重构全球创新版图与经济结构，也展现了人类经济社会发展的崭新图景。

2. 信息和数字技术应用日益广泛，新产业、新业态、新模式不断涌现，为全球经济发展注入新动能

2024年以来，随着以人工智能叠加通信、交通技术为核心的物联网、机器人、量子计算、远程线上无人化等数字技术革命，全球催生了大量的新业态、新产业、新模式，5G网络、人工智能、光通信、低空经济、工业互联网以及智能终端等领域成为变革先锋，为全球解决经济增长和气候变化难题提供解决方案的同时，也为全球经济的数字化转型提供了强大的动力。经济学人智库《2024年全球经济展望》则明确指出，新兴市场、人工智能和绿色产业将引领全球增长。

新基建6G网络的部署标志着重大的技术飞跃，到2024年底，

有 50 个国家推出商业服务。6G 的速度比 5G 快 100 倍，为实时虚拟现实、自治系统和智慧城市带来了新的可能性。

2024 年，全球科技行业市值突破 5 万亿美元，比 2023 年增长 15%。这一增长得益于人工智能投资的增加、云计算的扩张以及绿色技术的兴起。微软、谷歌、苹果等大型科技公司保持了主导地位，但这一年也见证了量子计算和生物技术领域初创公司的迅速崛起。

全球人工智能产业蓬勃发展，技术创新与应用拓展取得显著成就。国际投行高盛发布报告指出，人工智能投资迅速升温，可能对国内生产总值(GDP)产生更大影响。高盛预测，2025 年，全球人工智能投资规模或将达到 2 000 亿美元。人工智能有望通过提高整体生产率而使未来 10 年全球产出增长 7%。

全球数字经济和数字贸易快速增长。《全球数字经济白皮书(2024 年)》显示，2023 年，美国、中国、德国、日本、韩国等 5 个国家数字经济总量超过 33 万亿美元，同比增长超 8%；数字经济占 GDP 比重为 60%，较 2019 年提升约 8 个百分点。《全球数字贸易发展报告 2024》显示，全球数字贸易总额由 2021 年的 6.02 万亿美元增长至 2023 年的 7.13 万亿美元，年均增速高达 8.8%。

2024 年，中国经济“新”意盎然，新产业、新业态、新模式蓬勃发展，首款国产 3A 游戏大作《黑神话：悟空》震撼出圈，新基建、人工智能、智能制造、工业互联网、低空经济、数字文化创新、智慧城市、数字服务等各行各业新旧动能加快转换，新质生产力发展明显，为经济平稳运行发挥了重要作用。

3. 人工智能推动社会的深度数字化转型，引发国际社会对网络社会治理的高度关注

《完整的数字化 2024 年全球概览报告》显示，现在地球上超过 66%

的人使用互联网,最新数据显示,全球用户总数为53.5亿。自2023年初以来新增用户达9 700万人,互联网用户在过去12个月增长了1.8%。2024年以来,AI手机、AI电脑、AI家教机等AI硬件品类增长迅速,AI硬件正在重塑更多消费者的工作方式,AI技术正在逐渐渗透到我们的日常生活中,变得触手可及。ChatGPT和图像生成平台等生成式人工智能工具已成为家庭必需品。

这些工具彻底改变了生产力,并推动了生产关系的调整,使用户能够以无与伦比的效率自动执行任务、创建内容和分析数据。然而,人工智能采用的爆炸式增长引发了算法偏见、数据隐私、伦理失范等潜在风险。例如偏见和公平方面,研究发现,40%的人工智能模型表现出可测量的偏见,导致人们呼吁采取更严格的监管。还比如造成一定的环境影响,2024年训练大型人工智能模型消耗约300太瓦·时的电力,相当于阿根廷的年消耗量。还比如人工智能引发的重大社会风险,包括网络造假、隐私泄露、网络犯罪等,给人类社会的安全和谐发展带来巨大挑战。可见,一方面,人工智能可以用于维护国家安全和发展利益;另一方面,国家主权也面临来自技术自主性、算法模型、数据等方面的安全风险,可能引发根本性的伦理问题,危及人类自身的生存和发展。

正因为如此,2024年以来,国际社会围绕人工智能全球治理展开相关探讨,以确保人工智能技术的发展不会损害国家主权和人类安全。如中国提出《全球人工智能治理倡议》,呼吁各国形成具有广泛共识的人工智能治理框架和标准规范,发布《人工智能全球治理上海宣言》。2024年9月,全国网络安全标准化技术委员会还公开发布了《人工智能安全治理框架》1.0版本。欧盟最新出台的《人工智能法案》,分析欧盟面向风险的人工智能监管理论与实践动向,以展现欧盟在人工智能监管领域的先进举措。2024年8月16日,加利福尼亚州《CA SB1047 前沿人工智能模型安全创新法案》通过众议院拨款委员会审议，向正式生效迈出重要一步。

（四）国内政治经济发展的重大变化与趋势

2024 年，面对外部压力加大、内部困难增多的复杂严峻形势，以习近平同志为核心的党中央，紧紧抓住以中国式现代化全面推进强国建设、民族复兴伟业的关键时期，团结带领全国各族人民，继续推动全面深化改革开放，新质生产力在中华大地稳步发展，高质量发展迈出坚实步伐，中国经济取得令人鼓舞的成绩，展现出充沛的动力和活力。

1. 党的二十届三中全会揭开了进一步全面深化改革开放、推进中国式现代化的新篇章

全面深化改革开放，持续增强发展的内生动力和活力。2024 年以来，习近平总书记在中央关于改革开放的重大会议、中央政治局集体学习、多个重要国际场合、多次实地考察中提出并强调了全面深化改革的一系列新思想、新论断，为坚定不移深化改革、扩大高水平对外开放提供了根本遵循。最鲜明的标志就是 2024 年 7 月 15—18 日召开的党的二十届三中全会审议通过的《中共中央关于进一步全面深化改革、推进中国式现代化的决定》指出，面对纷繁复杂的国际国内形势，面对新一轮科技革命和产业变革，面对人民群众新期待，必须继续把改革推向前进。《中共中央关于进一步全面深化改革、推进中国式现代化的决定》围绕世界之变、时代之变、历史之变的复杂局势以及经济结构转型升级中的重大矛盾和问题，提出 300 多项重要改革举措。此次会议的召开，

揭开了进一步全面深化改革开放、推进中国式现代化的新篇章，具有划时代的意义。

与此同时，2024年党中央、国务院印发了一系列关于全面深化改革开放的重要文件，包括中共中央办公厅、国务院办公厅印发的《浦东新区综合改革试点实施方案(2023—2027年)》，中共中央、国务院印发的《关于加快经济社会发展全面绿色转型的意见》(2024年7月31日)，中共中央办公厅、国务院办公厅印发的《关于完善市场准入制度的意见》(2024年8月1日)，中共中央办公厅、国务院办公厅印发的《关于数字贸易改革创新发展的意见》(2024年8月17日)，中共中央办公厅、国务院办公厅印发的《关于加快公共数据资源开发利用的意见》(2024年9月21日)，《中共中央 国务院关于深化产业工人队伍建设改革的意见》(2024年10月12日)，中共中央办公厅、国务院办公厅印发的《有效降低全社会物流成本行动方案》(2024年11月27日)，《中共中央办公厅 国务院办公厅关于数字贸易改革创新发展的意见》(2024年12月25日)等，从不同领域入手，不断破解发展与治理中的难点痛点堵点，为因地制宜发展新质生产力，为推动中国式现代化行稳致远注入了强大的改革动力。

2. 存量政策与增量政策叠加发力，一揽子增量政策精准加力，有力提振了经济韧性与社会信心①

后疫情时期，中国经济回升向好，但也存在下行压力。虽然2023年两会上中央将2024年经济增速设定为5%左右，仍是全球增长的最大引擎，但2024年经济实际运行中始终面临着下行的压力，尤其是

① 张恒星:《中国经济深观察调控之效:三大关键词勾勒2024年政策主线》,《经济参考报》2024年12月27日。

自 2024 年二季度以来，受国内需求疲软和房地产业持续低迷的影响，中国经济增速放缓。面对外部压力加大、内部困难增多的复杂严峻形势，财政、货币、就业、产业、监管等政策持续发力，发挥合力，助推经济向好回升。尤其是 9 月以来，一揽子增量政策精准加力，有力提振社会信心，夯实了经济企稳回升的基础。

积极财政政策提质增效。2024 年赤字规模突破 4 万亿元；新增地方政府专项债务限额 3.9 万亿元，为历年来规模最大；发行 1 万亿元超长期特别国债，用于支持国家重大战略实施和重点领域安全能力建设（“两重”）、大规模设备更新和消费品以旧换新（“两新”）政策落地；12 万亿元地方化债“组合拳”加快落地……财政政策多种政策工具组合发力，助力经济高质量发展。

货币政策加大调控强度。2024 年以来，1 年期 LPR（贷款市场报价利率）从 3.45％降至 3.10％，下降 35 个基点；5 年期以上 LPR 从 4.20％降至 3.60％，下降 60 个基点，降幅均为历年最大；年内中国人民银行两次下调存款准备金率共 1 个百分点，释放长期流动性约 2 万亿元；综合运用公开市场操作、中期借贷便利等工具，保持流动性合理充裕……货币政策持续加力，多次降准、降息措施力度大，速度快。

瞄准扩内需，“两新”政策不断加力扩围。其中，消费品以旧换新补贴政策出台两轮，后一轮的补贴范围和力度加大，更多“真金白银”直达消费者，激活消费市场效应明显。商务部数据显示，截至 12 月 19 日 24 时，全国汽车报废更新近 270 万辆，汽车置换更新超 310 万辆，超 3 330 万名消费者购买相关家电以旧换新产品超 5 210 万台，家装厨卫“焕新”补贴产品超 5 300 万件，电动自行车以旧换新超 100 万辆。

货币金融工具不断创新。2024 年以来，中国人民银行不断设立科技创新和技术改造再贷款（额度 5 000 亿元），设立股票回购增持再贷款,设立3 000亿元保障性住房再贷款,推出证券、基金、保险公司互换便利等新的货币政策工具,维护资本市场稳定运行。以股票回购增持再贷款为例,数据显示,截至2024年12月26日,已有218家A股公司发布回购增持再贷款相关公告。而在2023年,这一数量为146家。保障性住房再贷款政策执行,10余个城市收购存量房项目落地,已筹集保障性住房上万套。

多项政策从供需两侧协同发力,推动房地产市场止跌回稳。在供给端,去库存政策加快落地推进,央行设立3 000亿元保障性住房再贷款,专项债回收存量闲置土地细则明确。在需求侧,"四个降低"和"四个取消"有效降低购房门槛和成本。从最新数据来看,房地产市场出现积极变化,止跌回稳态势渐显。11月,70个大中城市中,新建商品住宅销售价格环比上涨的城市比上月增加10个,二手住宅环比上涨的城市比上月增加2个。

此外,产业、就业、科技、生态等政策同向发力,经济政策、非经济政策形成合力。例如,聚焦培育壮大新质生产力,在产业扶持上,首批制造业新型技术改造试点城市名单、第二批中小企业数字化转型试点城市名单出炉;在人才支撑上,先进制造业促就业行动实施;在资金支持上,结构性减税降费政策重点聚焦支持科技创新和制造业发展、新一轮"专精特新"支持政策启动。

3. 中央经济工作会议理性分析经济发展面临的新挑战,明确了来年经济发展的重点任务

2024年12月11—12日召开的中央经济工作会议指出,我国经济基础稳、优势多、韧性强、潜能大,长期向好的支撑条件和基本趋势没有变。当前外部环境变化带来的不利影响加深,我国经济运行仍面临不

少困难和挑战，主要是国内需求不足，部分企业生产经营困难，群众就业增收面临压力，风险隐患仍然较多。会议指出，必须统筹好有效市场和有为政府的关系，形成既“放得活”又“管得住”的经济秩序。必须统筹好总供给和总需求的关系，畅通国民经济循环。必须统筹好培育新动能和更新旧动能的关系，因地制宜发展新质生产力。必须统筹好做优增量和盘活存量的关系，全面提高资源配置效率。必须统筹好提升质量和做大总量的关系，夯实中国式现代化的物质基础。

同时会议提出了 2025 年要抓好的 9 项重点任务。一是大力提振消费、提高投资效益，全方位扩大国内需求。二是以科技创新引领新质生产力发展，建设现代化产业体系。三是发挥经济体制改革牵引作用，推动标志性改革举措落地见效。四是扩大高水平对外开放，稳外贸、稳外资。五是有效防范化解重点领域风险，牢牢守住不发生系统性风险底线。六是统筹推进新型城镇化和乡村全面振兴，促进城乡融合发展。七是加大区域战略实施力度，增强区域发展活力。八是协同推进降碳减污扩绿增长，加紧经济社会发展全面绿色转型。九是加大保障和改善民生力度，增强人民群众获得感、幸福感、安全感。展望 2025 年，从国际看，世界百年未有之大变局持续演化，新一轮“特朗普冲击”来袭，大国博弈加剧，乌克兰危机走势可能出现新的变数，中东局势延宕升级，世界经济总体稳定但增长动能不足，全球贸易保护主义加剧，我国发展面临的外部环境的复杂性、严峻性、不确定性上升。

（五）国内外多维发展趋势对中国智库的影响

2024 年世界政治、经济、社会一系列新的发展趋势，对包括中国在内的全球智库研究方向、研究模式、研究体系等方面，既带来了新的机遇,也带来了挑战,中国智库需要不断适应变化,提供高质量的研究成果,以支持全球和中国经济社会的健康发展。

1. 中国智库发展的新机遇

首先,从全球经济发展趋势看,中国智库积极地参与和引领全球开放合作,在推进新全球化、推动完善全球治理中做出了一定的贡献。面对逆全球化思潮,我们要站在历史正确的一边,不断拓展全球伙伴关系,推动全球经济治理机制变革,坚定维护国际合作和多边主义,以开放合作共赢胸怀谋划发展,坚定不移推进经济全球化,推动建立开放型世界经济。尤其是随着中国坚定奉行改革开放国策并且经济规模不断壮大,在"小院高墙""脱钩断链"等逆全球化潮流持续上演、新兴经济体不断崛起等综合背景下,中国智库研究的视角和领域将不断得到拓展,针对中美贸易、新型大国关系、区域国别研究、全球治理体系改革等议题将会有更大的议题设置能力和话语权,在推动智库外交、讲好中国故事、引导全球共识上会有更大作为。

其次,从地缘政治格局变动上看,更趋不确定性和复杂性的决策环境,为中国智库提升政策制定的影响力提供机遇。地缘政治风险上升背景下,区域经济合作变得更加重要,中国智库可以加强研究区域经济一体化组织如欧盟、东盟、阿盟、非盟、"全球南方"、"一带一路"共建国家等,为国家政策制定提供支持,提升决策影响力。随着中东局势、俄乌冲突、亚太地区等地缘政治格局的快速变化,亟待中国智库围绕相关国家和地区的政治经济社会发展情况及应对策略提供更具体翔实、更有前瞻性的研究成果和决策建言,尤其是满足经济政策和外交政策领域的更多决策需求。地缘政治冲突促使各国加速技术和能源领域的自主创新,中国智库可以在此领域发挥重要作用,推动科技创新和能源转型。值得注意的是,随着“全球南方”规模与地位不断提升,对该群体的研究战略价值也因而持续增高,“全球南方”的智库在群体数量上将有新的增长趋势,同时,基于对所在国现状及发展需求的深入理解,智库对于“全球南方”发展趋势的研究成果将对深化国际发展问题以及对新增长规律的理解提供独特的价值。

再次,从科技创新趋势看,人工智能发展与深度应用,为中国智库不断开拓研究领域、提高研究效率与质量提供了新机遇。不管是全球还是国内,都十分重视人工智能发展,出台了多项政策以支持人工智能行业的发展与创新,人工智能技术在多个领域取得重大突破,应用领域不断拓展。随着数据资源价值的加快释放,一方面,中国智库可以利用大数据和人工智能技术,进行更精准的分析和预测,提升决策的科学性和有效性,提升研究效率和质量;另一方面,随着人工智能在各行各业的应用,为智库提供了明确的研究方向和政策背景,智库可以依据这些政策进行深入研究,为政策的制定和实施提供理论支持和实践指导。同时,人工智能的发展也带来了伦理和社会问题,智库需要研究如何进行伦理治理,确保人工智能技术的健康发展,这为智库提供了新的研究领域,促进智库在社会伦理和治理方面发挥更大的作用。

最后,从国内政治、经济、社会发展趋势看,进一步全面深化改革和中国式现代化发展中面临的各种新问题、新情况、新挑战,给智库研究提供了更多新场域和更大决策咨询价值。党的二十届三中全会对进一步推进全面深化改革、推进中国式现代化发展做出顶层设计和系统部署,国家就社会主义市场经济、现代产业体系、扩大内需、全国统一大市场、新质生产力、高水平制度开放、生态文明、民生改善等提出了一系列重大改革任务,未来中国经济发展仍然面临新的战略机遇。在国内外发展环境日趋复杂、多元的背景下,中国式现代化发展进程中高水平、高质量的科学决策至关重要,各项改革任务及政策的推进落实,都在一定程度上依靠智库进行深入研究,为智库提供了政策研究和政策评估的新机遇。特别是在未来高质量发展、高水平开放、高效能治理过程中,政府为了及时了解并有效解决各种新情况、新问题、新挑战,旨在保持经济活力和社会秩序,更需要智库在政策的研究、评估和建议方面发挥重要作用。

2. 中国智库发展的新挑战

国内外发展趋势给中国智库带来发展机遇的同时,也带来一定的挑战。

首先,对世界复杂性局势做出全局性和前瞻性研判的能力提出挑战。在百年未有之大变局背景下,全球经济政治趋势复杂多变,中国智库面临的挑战愈发显著。2024 年以来,世界经济展现出超预期的韧性,但下行风险依然存在。一方面,全球经济增长分化趋势明显,新兴市场与发展中经济体保持相对强劲的增长,而发达经济体则面临更多挑战。同时,全球通胀问题虽然得到阶段性缓解,但美欧等主要经济体货币政策调整的紧缩效应逐渐显现,加之发达国家金融系统承受力与稳定性受到挑战,政府或企业违约风险不断攀升。此外,全球供应链的重构、贸易保护主义与资源民族主义的盛行,以及大国博弈转向负和博弈,都对智库的全局性和前瞻性研判能力提出更高要求。智库需要深入研究这些复杂因素如何重塑全球经济格局,并为政策制定提供科学依据。另一方面,地缘政治局势的高度紧张也为智库的研究带来挑战。乌克兰危机、巴以冲突等地缘政治危机成为世界经济面临的主要不确定性因素之一。中国智库必须分析这些危机对全球贸易、投资以及能源供应的影响,为增强国际环境适应能力、更好参与国际分工合作提供前瞻性思考。

其次，对深刻阐释中国式现代化战略内涵、提升精准化公共决策能力提出挑战。党的二十届三中全会通过的《中共中央关于进一步全面深化改革、推进中国式现代化的决定》在新的历史起点上，围绕全面深化改革，推进中国式现代化做出了全新部署和系统安排，党政部门的科学决策和经济社会的高质量发展对智库的高质量、精准化决策服务能力提出了更高的期待和要求。一方面，对进一步全面深化改革，推进中国式现代化的重要意义、总体部署、目标任务等，进行科学性阐释、学理性说明、通俗化表述，提供系统完整的学理支撑，是未来我国智库面临的一项重大任务与挑战；另一方面，在政策实践中，进一步全面深化改革、推进中国式现代化实践涉及的问题异常复杂，不能依靠单一学科知识、单一领域办法找到解决问题的途径，突破学科界限，强化协同攻关，着力构建开放、协同、高效的新型学术共同体成为研究重大理论和现实问题的关键，也是智库不断提升精准化服务公共决策能力的重要路径。

再次，对传统研究手段、研究方法的持续创新及提高成果的实证效果提出挑战。顺应大数据、人工智能的快速发展趋势，不断更新智库的研究方法，提高研究的实证效果，是当今数字时代智库提高决策服务质量和能力的重要依托。但实际上，我国绝大多数智库在提供知识服务和知识创新的过程中，存在研究方法单一、研究视野狭窄的问题，缺少统一的资源共享信息化平台，缺乏创新技术的应用，比如人工智能、大数据、区块链等新技术在政策分析中的应用还相对较少，政策分析工具和技术手段创新运用不足。智库如何利用大数据、人工智能等新技术来创新研究方法、拓展研究能力，以及提高政策咨询研究的效率和精准性变得日趋重要。

最后，对提升中国国际话语权和负责任大国形象、增强国际传播效能提出挑战。在世界格局、秩序、规则等深刻重塑的大调整过程中,面向全球治理和人类社会进步,智库应当发挥战略规划者、制度和政策方案设计者、国际舆论引导者、“二轨外交”参与者等特殊和专门的角色。随着科技革命与产业变革的深入演进和全球化发展,中国必须拥有与国家发展进步阶段、发展提升的国家地位和水平、发展提升的世界影响力相适应的国际话语权和负责任大国形象,其中智库发挥自身优势建构的国际传播能力不可忽视。提升智库的国际传播能力是智库建立国际影响力的关键措施。然而,受限于发展认知、战略规划、传播措施、传播内容和传播人才等方面的不足,中国智库在国际传播行动与作为上表现不足,如入驻国际社交媒体平台数量少、发文积极性不高、议题不够广泛、用户交互程度不高等,智库在国际传播力和话语权方面显得更为不足,需要充分借助新媒体、新科技、社交网络与“云”的力量,以提升和延展思想传播的能力及效力。

二、2024 年中国智库发展总体图景

截至 2024 年底，上海社会科学院智库研究中心共收录了全国 31 个省（区、市）1143 家智库（不包括港澳台地区）的多个字段信息，以多维度观察中国智库的发展。为更好地梳理中国智库发展图景，总结中国智库年度发展特点规律，对数据库中的智库作如下统计分析：

（一）智库类型分布

如表 1 所示，根据智库属性分类，1 143 家七大类别智库中，高校智库数量最多，达到 504 个，占总数的 44.1%，与 2023 年底收录的智库总量相比贡献了近 80%的增量，可以看出高校基于丰富的人才与研究资源，智库建设成效显著。地方党政/科研院所智库紧随其后，数量为 326 个，占比 28.5%，是地方经济社会发展的主要支撑力量。这两类智库在省级重点和培育智库中也占据主导地位，分别有 296 个和 138 个，反映出这两类智库在支撑国家与地方发展中发挥着重要作用。

国家党政/科研院所智库数量为 105 个，占比 9.2%，数量相对稳定，但其中省级重点智库较少，更多集中于国家级层面。社会智库和企

表 1　2024 年中国智库类型统计

智库类型	截至 2024 年底数量(个)	占比(%)	其中省级重点智库、培育智库数量	截至 2023 年底数量(个)
国家党政/科研院所智库	105	9.2	3	104
地方党政/科研院所智库	326	28.5	138	321
高校智库	504	44.1	296	467
社会智库	90	7.9	25	89
企业智库	95	8.3	14	92
军队智库	10	0.9	1	10
媒体智库	13	1.1	2	13
合　计	1 143	100	479	1 096

业智库分别有 90 个和 95 个，占比分别为 7.9%和 8.3%，较 2023 年底虽然数量有所增长，但增速较慢，省级重点智库的占比也较低，表明这两类智库在资源获取和政策支持方面可能面临一定挑战。

军队智库和媒体智库的数量最少，分别为 10 个和 13 个，占比分别为 0.9%和 1.1%，可能与其专业化、保密性限制相关。

(二) 智库层级分布

自 2015 年 1 月《关于加强中国特色新型智库建设的意见》发布以来，中国智库建设至今已走过 10 年的时间，在这期间，中国智库建设经历了快速发展和不断完善，逐步构建起了一个从国家级到省级的多层次、多领域智库网络体系，这一进程不仅彰显了国家和地方政府对智库发展的高度重视，也反映了智库在经济和社会发展中发挥的重要作用。

中央和地方政府均加大了对智库建设的支持力度，通过政策引导、资金投入和机制创新等多方面措施，推动智库建设质量提升和服务能力增强。国家高端智库及其培育单位经过几次增补，现已达到 47 家（见表 2），成为国家决策的重要智力支撑。同时，全国 31 个省（区、市）中有 27 个已经公布了重点智库及培育智库名单，有些还出台了专门的管理办法，比例高达 87％。这表明地方层面对于智库建设的认识不断深化，各地政府积极行动，因地制宜地推进智库发展，形成了中央与地方协同联动的良好局面。

表 2　2024 年中国智库层级分布

智　库　层　级	数　　量
国家高端智库	29
国家高端智库培育单位	18①
省级重点智库	356
省级重点培育智库	118
其　　他	622
合　　计	1 143

国家高端智库中除了首批试点单位中唯一的央企智库中国石油集团经济技术研究院外，近年来陆续增补的试点单位和培育单位中也出现了企业背景的智库，如央企中国国际工程咨询有限公司和央企主管

① 其中，中国政法大学人权研究院（联合西南政法大学人权研究院）、中国南海研究院（联合武汉大学边界与海洋研究院）2 家国家高端智库建设培育单位在名录中收录为4 家。

的基金会中信改革发展研究基金会。另外,省级重点培育智库中企业智库有 14 家,这说明了企业特别是央企对于智库认识的加强以及国家与地方对于企业智库越来越重视。

(三)智库地域分布

中国智库的地域分布和发展呈现出一定的不均衡性,这一现象深刻反映了各地经济和社会发展的差异。从整体上看,智库数量在东部沿海地区尤为集中,而中西部及东北地区的分布则相对稀疏。这种分布特点不仅体现了资源和人才的集聚效应,也揭示了不同区域在政策支持、科研环境以及市场需求方面的差异。

2024 年中国智库的地域分布情况如表 3 所示。以北京为例,作为中国的政治、文化和科技中心,这里汇聚了大量的国家级研究机构和高校,拥有丰富的学术资源和广泛的国际合作网络,因此,数据库中收录的北京智库数量以 282 家位居首位,而且这些智库的研究领域广泛,具有较强的全国乃至全球影响力。类似地,上海作为国际金融和贸易中心,收录的智库数量为 156 家,在经济、金融、科技等领域展现出强大的研究实力,为地方乃至国家层面的决策提供了重要的智力支持。

表 3 2024 年中国智库的地域分布情况

序 号	省(区、市)	智库数量(个)	省级重点智库、培育智库数量(个)
1	北 京	282	14
2	上 海	156	34
3	江 苏	57	40

续　表

序　号	省(区、市)	智库数量(个)	省级重点智库、培育智库数量(个)
4	广　东	45	15
5	浙　江	42	31
6	广　西	38	31
7	四　川	35	22
8	云　南	33	30
9	辽　宁	32	27
10	湖　北	32	11
11	山　东	31	15
12	重　庆	30	23
13	天　津	51	25
14	湖　南	29	7
15	福　建	27	15
16	黑龙江	25	20
17	江　西	21	15
18	河　北	23	18
19	安　徽	19	15
20	河　南	18	13
21	吉　林	15	8
22	山　西	14	7
23	贵　州	13	8

续 表

序　号	省(区、市)	智库数量(个)	省级重点智库、培育智库数量(个)
24	海　南	12	9
25	青　海	9	0
26	甘　肃	11	6
27	陕　西	18	11
28	内蒙古	10	6
29	宁　夏	6	3
30	新　疆	5	0
31	西　藏	4	0
合　计		1 143	479

相比之下,中西部地区的智库数量虽然不及东部地区,但随着国家对中西部地区发展的重视和支持,相关管理部门深入贯彻中央的指导精神,充分发挥地方特色优势,不断引导推进地方智库的高质量发展。2024 年甘肃、陕西两个中西部省份遴选公布了重点和培育智库名单,两省鼓励智库聚焦与国家战略和本地经济社会发展相关的关键问题,如"一带一路"、乡村振兴、生态保护、绿色发展、文化传承等,开展具有前瞻性、针对性和可操作性的研究。

(四)研究领域分布

从表 4 的数据可以看出,经济类、社会发展类、综合类、科技类研究领域的智库占比都高于 10%,经济、社会、科技领域的智库数量和占比不仅反映了它们在国家发展中的核心地位，也表明了国家对于这些领域智库研究的高度重视和需求。这些智库在政策制定、战略规划和实际应用中发挥着关键作用，是推动国家经济社会发展的重要力量。而综合类研究则涵盖了多个学科的交叉融合，对于解决复杂问题具有重要意义，反映了国家在面对日益复杂多变的国内外环境时，需要多学科协同创新的需求。

表 4　2024 年中国智库的研究类型

研究领域	数量(个)	占比(%)	其中省级重点、培育智库数量(个)
经济类	217	19.0	95
社会发展类	161	14.1	82
综合类	115	10.1	32
科技类	115	10.1	37
区域国别类	91	8.0	51
国际类	78	6.8	22
党建类	70	6.1	31
文化类	76	6.6	37
政法类	56	4.9	21
生态类	60	5.2	36
教育类	41	3.6	16
防务类	40	3.5	5
卫生健康类	23	2.0	14
合　计	1 143	100	479

(五)全国智库联盟发展动态

据上海社会科学院智库研究中心不完全统计,2024 年全国共成立各类智库联盟 16 个,呈现出区域型、国际型和议题型三大特点,具体见表 5。

表 5　2024 年智库联盟成立情况

序号	成立时间	联盟名称	联　盟　单　位
1	12 月	创新合作智库联盟	由来自中国和中东欧国家的 55 家单位发起。包括塞尔维亚贝尔格莱德大学、阿尔巴尼亚地拉那农业大学、波兰西里西亚工业大学、首都师范大学、西南交通大学、上海对外经贸大学、江苏经贸职业技术学院、西交利物浦大学、广东外语外贸大学、浙江西语学院等
2	11 月	粤港澳大湾区文化产业智库联盟	广东省社会科学院经济研究所、广州市社会科学院文化产业研究中心、广州高新区高质量发展研究院、暨南大学产业经济研究院、上海大学文化新经济研究院、南方文化产业智库、广东粤港澳大湾区研究院、广东亚太创新经济研究院、海通证券研究所、粤科金融集团战略研究部、阿里研究院、佛山市南海区西樵山书院等 13 家成员单位
3	11 月	长江高端智库联盟	由湖北省社会科学院、武汉大学人文社会科学研究院、新华社湖北分社、浙江大学社会科学研究院、南京大学长江产业发展研究院、复旦大学发展研究院、上海社会科学院 7 家单位共同发起成立,共 52 家长江流域的社会科学院智库、高校智库和媒体智库组成
4	11 月	世界互联网大会智库合作计划	中国信息通信研究院、清华大学研究院、北京交通大学移动专用网络国家工程研究中心、澳门互联网研究学会、马来西亚新亚洲战略研究中心、英国国家创新创业教育中心、阿里巴巴集

续 表

序号	成立时间	联盟名称	联 盟 单 位
			团、腾讯集团、上海诺基亚贝尔、全球移动通信系统协会(GSMA)、武汉大学网络治理研究院、南开大学中国式现代化发展研究院、安恒信息数盾智能研究中心等来自欧洲、亚洲等地的 60 家会员单位参与
5	11 月	武汉都市圈智库联盟	湖北省社会科学界联合会、武汉都市圈发展协调机制办公室、湖北省武汉城市圈研究会、中南财经政法大学、武汉市社会科学院、武汉市发改委、湖北省委党校(湖北省行政学院)、湖北联投集团、中国城市规划设计研究院中部分院
6	11 月	江西省新型智库联盟	由江西省委政研室、江西省政府研究室、江西省社科联、江西省科学院、江西省社科院等共同发起成立,联盟首批成员单位共 16 家
7	10 月	“全球南方”智库合作联盟	中国社会科学院、中央广播电视总台研究院、俄罗斯高等经济学校、印度“新南亚论坛”、土耳其特帕夫经济政策研究基金会、柬埔寨王家研究院、秘鲁国家高等研究中心、巴基斯坦智库地区研究所、吉尔吉斯斯坦总统直属国家行政学院、乌干达发展观察中心等 40 家“全球南方”智库
8	10 月	中国—东盟产业和技术研究智库联盟	柬埔寨皇家科学院、全国 16 家地方科学院、广西部分地方大学和职业学院,以及企业界代表共 28 家副理事长单位与发起单位
9	10 月	陕西省科技智库联盟	盘古智库长安研究院、永秀智库、太白智库、西安交通大学中国地方政府创新研究中心、陕西省区域创新治理软科学研究基地、中国(西安)丝绸之路研究院、陕西省社会科学院新经济智库、西安财经大学中国(西安)丝绸之路研究院、西安财经大学经济学院资源环境与区域经济研究中心、西安财经大学商学院现代企业管理研究中心等 33 家单位

续　表

序号	成立时间	联盟名称	联　盟　单　位
10	7月	浙江省政府监管与治理现代化智库联盟	由浙江财经大学中国政府监管与公共政策研究院牵头组建，浙江省委改革办改革研究和促进中心、浙江省城乡规划设计研究院、浙江工业大学中国住房和房地产研究院、杭州电子科技大学浙江省信息化发展研究院、中国计量大学“一带一路”区域标准化研究中心、国网浙江省电力有限公司经济技术研究院、浙江省标准化研究院、浙江省工业和信息化研究院等省内8家智库，以及东北财经大学产业组织与企业组织研究中心、山东省数字经济与产业创新发展研究基地、暨南大学产业经济研究院等省外3家智库共同发起成立
11	7月	浙江省发展与安全研究智库联盟首批联盟	由浙江(浙江大学)国际发展与治理研究中心和浙江工业大学浙江省舆情研究中心共同牵头组建。浙江大学非传统安全与和平发展研究中心、浙江工业大学浙江省信访研究院、之江实验室人工智能社会实验研究中心等26家智库共同发起成立
12	6月	世界政党智库合作联盟	中共中央对外联络部世界政党研究所、北京外国语大学、复旦大学、华南理工大学公共政策研究院、山东大学世界政党研究中心、中国人民大学、中央团校(中国青年政治学院)、辽宁大学当代世界马克思主义政党研究中心、郑州大学越南研究所、吉林大学东北亚研究院、广西大学马克思主义学院、上海外国语大学国际关系与公共事务学院、浙江师范大学非洲研究院、外交学院马克思主义学院、华中师范大学国外马克思主义政党研究中心、上海国际问题研究院等
13	5月	“丝路电商”国际智库联盟	上海社会科学院、上海国际问题研究院、中央广播电视总台上海总站、京东研究院、复旦大学、商务部国际贸易经济合作研究院、美团、饿了么即时电商研究中心、盒马产业研究院、中国进出

续 表

序号	成立时间	联盟名称	联 盟 单 位
			口银行"一带一路"金融研究院(上海)、中国国际电子商务中心、中国服务外包研究中心、上海数据研究院有限公司、喀什大学、上海市信息投资股份有限公司、上海寻梦信息技术有限公司、上海识装信息科技有限公司、上海凯诘电子商务股份有限公司、阿里巴巴国际站、乌兹别克斯坦发展战略中心、古巴哈瓦那大学、白俄罗斯国立技术大学、阿塞拜疆卡扎尔大学、孟加拉国达卡大学中国研究中心、哈萨克斯坦共和国外交政策研究所、哈萨克斯坦邮政公司、哈萨克斯坦国立大学、哈萨克斯坦经济研究所、哈萨克斯坦贸易政策发展中心股份公司、塞尔维亚国家"一带一路"研究所等 30 家单位
14	4 月	京津冀协同发展研究高校智库联盟	由北京大学、南开大学、河北大学、首都经济贸易大学等 15 所京津冀高校联合成立
15	3 月	高校国家治理智库联盟	理事长单位是华中科技大学国家治理研究院,副理事长单位有清华大学国家治理研究院、中国人民大学国家发展与战略研究院国家治理研究中心、复旦大学发展研究院传播与国家治理研究中心、中山大学国家治理研究院、山东大学国家治理研究院、东北大学国家治理研究院、天津师范大学国家治理研究院、华南理工大学国家治理研究中心、暨南大学共同富裕与国家治理研究院
16	1 月	中国—阿拉伯国家智库联盟	中阿改革发展研究中心(中阿智库联盟中方联络协调方)、中国社会科学院西亚非洲研究所、中国国际问题研究院、新华社研究院、中国现代国际关系研究院中东研究所、北京大学区域与国别研究院、北京外国语大学阿拉伯学院、北京语言大学国别和区域研究院、北京第二外国语学院中阿文化和旅游合作研究中心、中东学院、上海国际问题研究院、宁夏大学中国阿拉伯研

续 表

序号	成立时间	联盟名称	联盟单位
			究院、中山大学区域国别研究院、西北大学中东研究所、复旦大学中东研究中心、中国人民大学区域国别研究院中东研究所、上海社会科学院国际问题研究所、五洲传播出版传媒有限公司、中国外文局中阿文化出版中心

区域型联盟主要聚焦特定地理区域的发展与合作，成员以本地高校、研究机构或政府部门为主，如粤港澳大湾区文化产业智库联盟、长江高端智库联盟、武汉都市圈智库联盟等，这些联盟旨在推动区域经济、文化和科技的协同发展。

国际型联盟则跨越国界，合作对象涵盖多国机构，关注全球或跨区域议题，如创新合作智库联盟、世界互联网大会智库合作计划、“全球南方”智库合作联盟等，这些联盟体现了中国在全球治理和国际合作中的积极参与。

议题型联盟围绕特定专业领域或政策议题组建，成员多为相关领域研究机构，如陕西省科技智库联盟、浙江省政府监管与治理现代化智库联盟、高校国家治理智库联盟等，这些联盟聚焦科技创新、治理现代化、国家安全等热点议题，反映了当前政策需求与研究重点。

企业智库的参与也在多个联盟中有所体现。例如，“丝路电商”国际智库联盟涵盖了京东研究院、阿里巴巴国际站等电商领域的领军企业，这些企业智库的加入，为电子商务、国际贸易等领域的政策研究和实践提供了实践资料和案例分析。同时，粤港澳大湾区文化产业智库联盟中的阿里研究院和粤科金融集团战略研究部等企业智库，为文化产业发展提供了创新的商业模式和金融支持方案。

（六）关于智库发展的国家重要政策激励

2024 年，在国家层面，对智库建设发展的政策继续增加，表 6 中的政策文件覆盖了教育、出版、标准化、智慧城市、跨境电商、自然资源保护、服务贸易、就业、认证认可、体育文化等多个领域，显示了智库在国家治理和社会发展中扮演的多元化角色。智库不仅在传统领域如教育和出版中发挥作用，也在新兴领域如智慧城市和跨境电商中扮演重要角色。相关政策文件强调了智库在政策研究、决策咨询、标准制定、人才培养等方面的功能。例如，教育部鼓励民办学校建立“银龄智库”，利用资深教师的经验和智慧；国家新闻出版署则通过出版智库高质量建设计划，培养智库专家队伍，推动出版业理论与实践研究。政策文件还多次提到了智库在国际合作和对外开放中的作用。例如，国家市场监督管理总局支持建立认证认可国际型智库，加强与“一带一路”共建国家的交流合作；国务院办公厅则提出以高水平开放推动服务贸易高质量发展，支持服务贸易智库建设。

表 6　2024 年中央和国家部委等出台文件政策中涉及智库发展的内容

序号	时间	发布单位	政策名称	相关内容
1	1 月	教育部办公厅	《关于做好银龄教师支持民办教育行动实施工作的通知》	鼓励民办学校探索推行“导师制”，由高素质银龄教师担任青年教师导师，发挥师承效应，形成学科和专业梯队，打造“银龄智库”

续 表

序号	时间	发布单位	政策名称	相关内容
2	1月	国家新闻出版署	《关于实施2024年度出版智库高质量建设计划的通知》	该计划通过遴选激励、系统研究、决策咨询、研讨交流、宣传推介等方式加强建设,逐步打造一批行业急需、特色鲜明、成果突出、引领发展的专业化智库,培养壮大一支坚持正确政治方向、具有较高理论水平、富有创新精神的智库专家队伍,形成结构合理、优势互补、功能齐备、适应行业所需的出版智库方阵和人才高地,持续推动出版业理论与实践研究和成果转化应用,促进出版业高质量发展
3	3月	国务院办公厅	《贯彻实施〈国家标准化发展纲要〉行动计划(2024—2025年)》	充分发挥中国标准化专家委员会智库作用,强化国际国内重要标准化事项专家论证及决策咨询
4	5月	国家发展改革委、国家数据局、财政部、自然资源部	《关于深化智慧城市发展推进城市全域数字化转型的指导意见》	加快建立城市数据资源运营、设施运营、服务运营体系,探索新型政企合作伙伴机制,推动政府、企业、科研智库和金融机构等组建城市数字化运营生态圈,打造多元参与、供需对接、价值驱动的社会长效运营机制,探索建立结果导向型运营预算和考核机制,加大政府购买服务力度
5	6月	商务部、国家发展改革委、财政部、交通运输部、中国人民银行、海关总署、税务总局、金融监管总局、国家网信办	《关于拓展跨境电商出口推进海外仓建设的意见》	鼓励地方汇聚行业、企业、高校、智库等资源,积极参与跨境电商生产、营销、支付、物流、售后等各领域的标准建设

续 表

序号	时间	发布单位	政策名称	相关内容
6	8月	自然资源部	《关于保护和永续利用自然资源扎实推进美丽中国建设的实施意见》	加强自然资源智库建设，深入开展自然资源领域关系生态文明建设的重大战略问题研究
7	8月	国务院办公厅	《关于以高水平开放推动服务贸易高质量发展的意见》	支持高校加强服务贸易相关学科专业建设，促进服务贸易智库建设，加强服务贸易专业人才培训
8	9月	中共中央、国务院	《关于实施就业优先战略促进高质量充分就业的意见》	加快建构中国就业理论体系，加强就业理论研究和咨询智库建设
9	9月	国家市场监督管理总局	《加快推进认证认可高水平开放行动方案(2024—2030年)》	支持建立认证认可国际型智库，加强对新兴经济体及共建“一带一路”国家和地区的政策法规、标准、认证、互认评价等跟踪研究和交流分享，鼓励与外方共同开展国别制度研究、标准比对能力验证等活动
10	11月	体育总局、国家民委、教育部、国家卫生健康委、人力资源社会保障部、共青团中央、全国妇联	《关于体育促进铸牢中华民族共同体意识的指导意见》	用好体育类、民族类等学术期刊平台，加强中华传统体育自身学科体系、学术体系和话语体系的建构，加大科研力度，通过设立重大专项课题，举办专题研讨、高峰论坛等形式，发挥专家智库作用，挖掘和研究中华传统体育文化的优秀基因和时代价值
11	11月	国务院国有资产监督管理委员会研究中心、	《国有企业智库建设指南》《国有企业智	《国有企业智库建设指南》提供了开展国有企业智库建设活动的指导，包括党建引领、

续 表

序号	时间	发布单位	政策名称	相关内容
		中国企业改革与发展研究会	库评价指南》	组织治理、制度建设、资源投入、研究管理、交流合作、绩效评价、持续改进等内容。《国有企业智库评价指南》提供了开展国有企业智库评价活动的指导,包括评价原则、评价内容、评价程序和评价等级等,适用于第一方、第二方及第三方对国有企业智库的建设管理、发展水平、能力提升、持续改进等开展的评价活动

另外,国务院国有资产监督管理委员会研究中心发布的《国有企业智库建设指南》和《国有企业智库评价指南》两份文件体现了国家对企业智库建设的高度重视和战略规划。这两份文件为国有企业智库的建设和评价提供了全面而具体的指导,标志着国家对企业智库在促进国有企业改革、提升企业竞争力以及服务国家战略中作用的认可和期待。

(七)聚焦智库建设与发展的理论研究

基于中国知网的数据检索,2024 年以智库为主题的期刊论文共有 2 040 篇,如图 1—4 所示。

从关键词看,2024 年智库研究者围绕智库建设这一核心主题,重点关注新型智库建设、高质量发展、新质生产力、中国式现代化、高校和科技智库建设等议题。2024 年国家对高质量发展全面布局,涵盖了科技创新、产业升级、经济结构优化等多个方面，习近平总书记在多个场合强调了发展新质生产力是推动高质量发展的内在要求和重要着力点。智库作为国家的智囊机构，积极关注并响应这些国家重大战略部署，开展深入研究，致力于为政策制定提供科学依据和前瞻性建议。

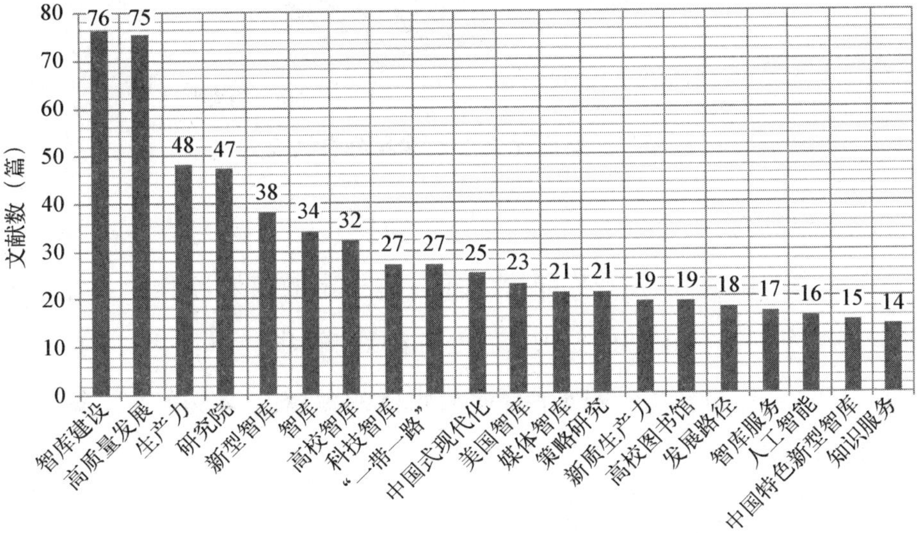

图1　智库论文涉及关键词分布情况

从论文涉及的学科看，当前对于智库的研究主要集中在管理学、政治学、高等教育、经济体制改革、新闻与传媒、工业经济、图书情报等学科，这反映了智库研究的多学科性和跨领域性。其中管理学占比最大，超过20%，主要关注智库内部运作机制的研究，以及如何通过有效的管理提高智库的研究成果质量和政策影响力。

从文献来源分布看，《智库理论与实践》《中国工程咨询》《新华每日电讯》《科技智囊》等几份期刊上发表的论文较多，《智库理论与实践》作为智库研究领域的专业学术期刊，由中国科学院主管，中国科学院文献

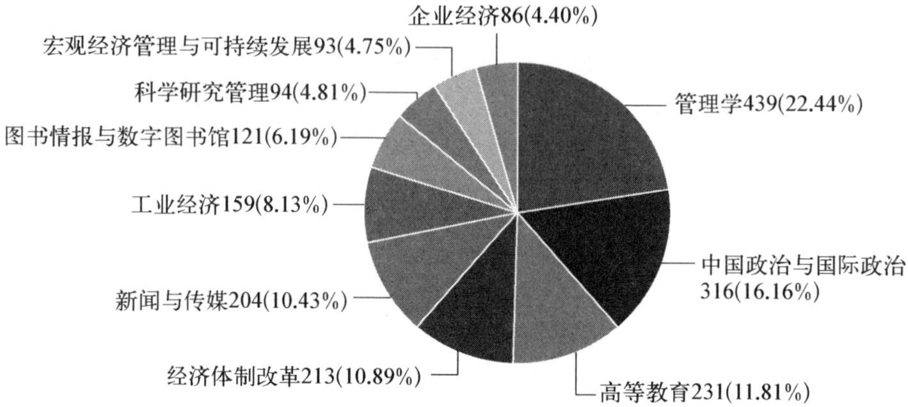

图 2　智库论文涉及学科分布情况

情报中心与南京大学联合主办，专注于智库理论研究与智库实践创新的结合，其占比最大，在智库研究领域具有一定的权威性和专业性。由中国工程咨询协会主办的《中国工程咨询》和新华通讯社主办的《新华每日电讯》占比也较大，反映了智库与媒体的紧密互动及企业类智库对于智库建设的积极探索。

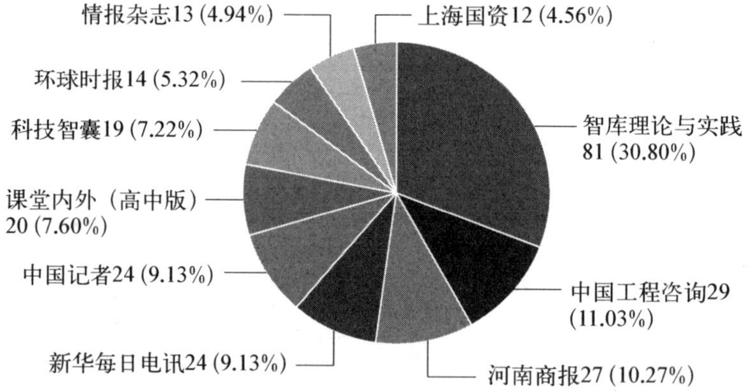

图 3　智库论文文献来源分布情况

从项目的来源看，近 200 篇论文是国家社会科学基金、教育部人文社会科学研究项目、国家自然科学基金、各地哲学社会科学规划项目、全国教育科学规划课题等项目的相关成果。其中占比最多的是国家社会科学基金项目，相关成果多篇聚焦阿根廷、印度、美国、法国、英国等国外智库对于中国的认知与影响。

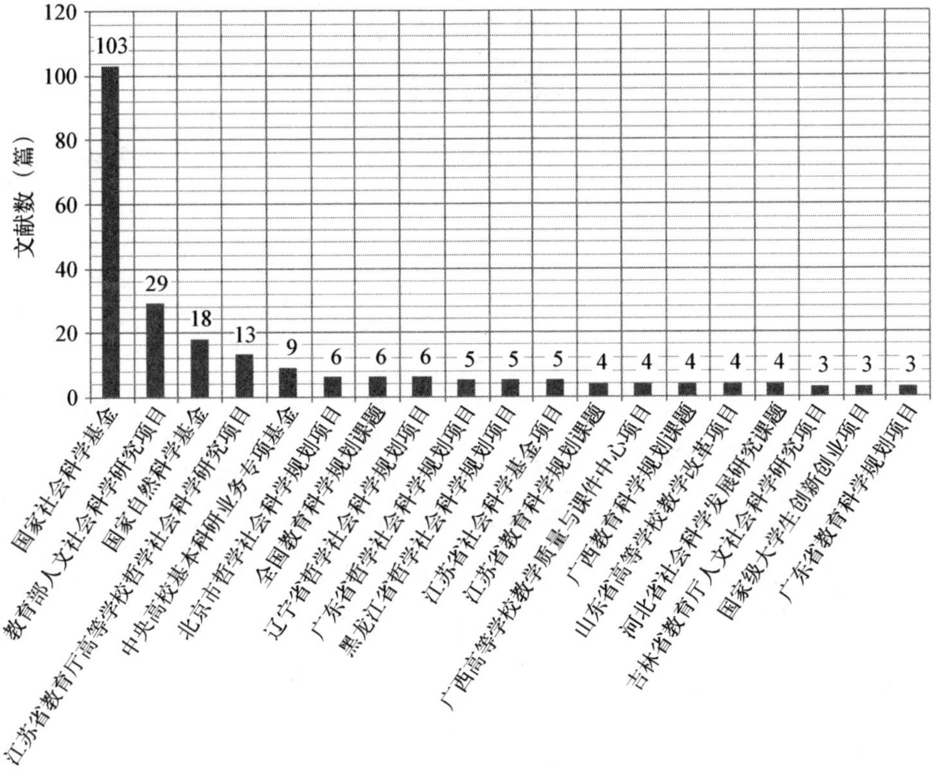

图 4　智库论文项目来源分布情况

三、2024 年我国智库聚焦的核心议题及相关动态

2024 年，世界百年变局加速演进，中国式现代化建设进入关键时期。党的二十届三中全会通过的《中共中央关于进一步全面深化改革、推进中国式现代化的决定》，科学谋划了围绕中国式现代化进一步全面深化改革的总体部署。面对复杂多变的国际形势和艰巨繁重的国内改革发展稳定任务，中国智库紧紧围绕党和国家中心工作，聚焦事关全局和长远的重大战略问题，深入开展前瞻性、针对性、储备性政策研究，为全面建设社会主义现代化国家贡献智慧和力量。

（一）中国式现代化与高质量发展

党的二十大报告明确了中国式现代化的本质要求，其中之一便是“实现高质量发展”。党的二十届三中全会进一步提出坚持把高质量发展作为全面建设社会主义现代化国家的首要任务，对经济和民生领域改革做出全面部署。

中国智库深入研究中国式现代化的理论和实践，探讨如何通过改

革创新推动高质量发展。例如，4 月，中国浦东干部学院、上海社会科学院联合举办的“中国特色新型智库建设论坛 · 2024”在上海召开，论坛主题为“中国式现代化征程中的新型智库建设”。5 月，中央党史和文献研究院与新华社在巴黎联合发布《中国式现代化发展之路》智库报告。8 月，中央党史和文献研究院国家高端智库和新华社国家高端智库以中英文面向全球共同发布联合撰写的智库报告《以全面深化改革推进中国式现代化的重大成就和世界贡献》。中央党校（国家行政学院）马克思主义学院、中国马克思主义研究基金会、陕西省委党校（行政学院）共同举办第十五届中国特色社会主义论坛暨第六届全国党校（行政学院）系统马克思主义学院教学科研智库工作座谈会，论坛主题是“进一步全面深化改革的理论与实践”；湖南省委宣传部、新华社湖南分社共同举办“落实党的二十届三中全会精神　谱写中国式现代化湖南篇章”智库研讨会。9 月，中信改革与发展研究基金会和莫干山研究院共同主办第十八届新莫干山会议，会议主题为“以改革创新为引领，承前启后，守正创新，推进中国式现代化建设”。10 月，河南省社会科学院与中国（海南）改革发展研究院联合主办中国式现代化与枢纽经济高质量发展暨第十七届中原智库论坛。11 月，中核战略规划研究总院联合中国能源研究会核能专业委员会举办聚焦“高质量创新发展　打造核能新质生产力”主题的中国核能高质量发展大会，邀请了众多院士、专家和行业领袖，就核能高质量发展、科技创新、未来能源格局等议题进行了深入研讨和交流；江西省委政研室、江西省政府政研室、江西省社科联、江西省科学院、江西省社会科学院举办江西省新型智库联盟成立大会暨 2024 年江西智库沙龙，主题为“全面深化改革奋力谱写中国式现代化江西篇章”。12 月，广东省社科联、广东省社会科学院联合举办第十三届南方智库论坛，论坛主题为“进一步全面深化改革与推进中国式现代化”。

(二)科技创新与新质生产力发展

党的二十届三中全会强调,要“健全因地制宜发展新质生产力体制机制”。2024 年 12 月召开的中央经济工作会议将“以科技创新引领新质生产力发展,建设现代化产业体系”列为 2025 年重点任务。当前,人工智能作为新一轮科技革命和产业变革的重要驱动力,正在深刻改变生产方式、商业模式和社会结构,驱动行业变革、优化资源配置、提升服务效能,成为推动新质生产力发展的关键力量。

我国各行业的智库也在积极推进人工智能赋能,为新质生产力的培育和发展提供支持。各类智库还通过深入研究全球行业动态和技术趋势,为国家与行业发展提供了宝贵的决策参考。例如,1 月,腾讯研究院发布《2024 数字科技前沿应用趋势报告:智能科技,跨界“相变”》,从连接、交互、计算和智能四个维度对 100 多项未来技术和重点方向给出了趋势性判断。4 月,中国电子信息产业发展研究院(赛迪研究院)、工业和信息化部新型工业化研究中心联合举办 2024 赛迪论坛,论坛主题为“新型工业化:新理论　新实践”。5 月,北京大学召开高校哲学社会科学实验室联盟成立大会,会议主题为“数智化时代哲学社会科学实验室建设”。6 月,人民网研究院发布智能互联网蓝皮书《中国智能互联网发展报告(2024)》,报告主题为“中国智能互联网元年:生成式 AI 引领变革”。9 月,国防科技大学联合军事科学院、湖南省人民政府、中国电子信息产业集团有限公司、中国兵器装备集团有限公司举办第二届国防科技高地论坛,论坛主题为“智能时代机器人技术创新发展”;中国电信研究院(天翼智库)发布《智算产业发展研究报告(2024 年)》,深入剖析了智算产业的四大发展特征以及算力与电力产业协同发展的新态势。10 月，中国科协举办 2024 年世界科技与发展论坛，论坛主题为"面向未来的科学技术"。11 月，中国联通研究院联合包括腾讯云等在内的 13 家研究机构，共同研究并发布了《中国生成式人工智能应用与实践展望》白皮书，聚焦生成式 AI 产业发展前瞻趋势，并精选典型实践案例进行详细分析，为各产业界发展提供参考。12 月，前瞻产业研究院发布《2024 年前瞻中国 AI 大模型场景应用趋势蓝皮书》。

（三）生态文明与绿色低碳转型

在全球气候变化的背景下，各国纷纷将绿色低碳发展作为国家战略，致力于减少温室气体排放、推动可持续发展。党的二十届三中全会提出"加快经济社会发展全面绿色转型，健全生态环境治理体系，推进生态优先、节约集约、绿色低碳发展，促进人与自然和谐共生"。2024 年 7 月，中共中央和国务院联合发布《关于加快经济社会发展全面绿色转型的意见》，为中国的绿色发展设定了明确的目标和路径。

在此背景下，中国智库特别是企业智库积极响应国家号召，在推动绿色转型方面进行了大量理论探索和实践。3 月，中国国际工程咨询有限公司联合行业咨询机构能景研究举办 2024 氢基能源绿色发展论坛，并发布了《2024 全球氢能产业展望报告》，报告对全球氢能行业发展概况以及我国氢能全产业链发展进程进行了深度分析和研判。6 月，水电水利规划设计总院发布《中国可再生能源发展报告 2023 年度》，深入分析当前我国可再生能源发展现状和发展趋势。10 月，中欧陆家嘴国家金融研究院发布《2024 全球可持续金融与低碳发展报告》，跟踪全球可持续金融发展与企业减碳转型；国网能源研究院发布《新型储能发展分析报告 2024》及《新型电力系统发展分析报告 2024》，关注新型储能和新型电力的政策环境和技术经济特性及发展趋势。11 月,新华社国家高端智库和习近平生态文明思想研究中心共同发布《让世界读懂美丽中国的“绿色密码”——习近平生态文明思想的中国实践与世界贡献》报告;中国化工信息中心、中国石油集团经济技术研究院、中国石化集团经济技术研究院、中国海油集团能源经济研究院共同发布《2024 中国石油化工循环经济蓝皮书》,全面剖析了石油化工行业循环经济发展和绿色转型最新进展,对未来发展趋势做出前瞻性判断,为行业提供了重要的决策参考;施耐德电气联合清华大学气候变化与可持续发展研究院发布《中国 2060 年碳中和:社会转型与绿色发展路径》报告,报告认为,在能源转型过程中,需求侧蕴藏着巨大的减碳潜力,是能源转型的重中之重。12 月,中国石油集团经济技术研究院联合国际评级机构标普全球共同举办 2024(第十一届)国际能源发展高峰论坛,论坛以“平衡能源多维转型,构建可持续未来”为主题,论坛期间还发布了《全球能源安全报告(2024)》《能源科技进展与展望报告(2024)》和《2060 世界和中国能源展望(2024)》。

(四)数字经济与数字化转型

党的二十届三中全会提出“要健全促进实体经济和数字经济深度融合制度,加快构建促进数字经济发展体制机制,完善促进数字经济产业化和产业数字化政策体系”。国家发展改革委办公厅、国家数据局综合司印发《数字经济 2024 年工作要点》,指出要适度超前布局数字基础设施,深入推进信息通信网络建设,加快建设全国一体化算力网,全面发展数据基础设施。这些文件为数字经济的蓬勃发展奠定了坚实基础,从而促进经济结构优化升级,实现高质量发展。

在政策引导和市场需求的共同作用下，中国智库聚焦数字经济转型路径、数字经济发展趋势、数字技术创新等重要议题，发挥积极支撑作用。如阿里研究院持续研究并发布《全球数字经济财税金融动态》，跟踪分析数字经济领域的前沿技术，为我国数字经济的发展提供了重要的智力支持。7 月，人民日报文化传媒有限公司举办 2024 数字经济论坛，论坛主题为“培育发展新质生产力 做强做优做大数字经济”。8 月，中国信息通信研究院发布《中国数字经济发展研究报告(2024 年)》，分析了中国数字经济发展最新态势、数字经济推动经济发展的经济学逻辑、数字经济支撑新质生产力发展的重要实践，并提出对策建议。11 月，中国移动研究院联合中央财经大学中国互联网经济研究院、社会科学文献出版社发布《互联网与数字经济蓝皮书：中国互联网与数字经济发展报告(2024)》，报告深入探讨了数字技术对各行业的影响，并提出未来发展的建议。12 月，中国人民大学国家发展与战略研究院举办“数字时代的智库建设与舆论传播”圆桌论坛；复旦大学发展研究院发布《全球数字经济发展动力暨大国博弈背景下中国数字平台企业海外发展研究报告》，重点考察了中国数字平台企业在当前全球数字经济发展进程中的出海表现；新华网联合中国电子信息产业发展研究院发布《实体经济和数字经济深度融合发展报告(2024)——实数融合赋能新质生产力发展》。

(五) 全球治理与国家安全

2014 年，习近平总书记在中央国家安全委员会第一次会议上首次提出总体国家安全观，10 年来，在总体国家安全观的创新引领下，中国以国际安全为依托，通过倡导“共同安全”和“可持续安全”，为全球安全治理提供了一种全新的范式。过去的一年，国际安全形势动荡不安、复杂严峻，党的二十届三中全会把维护国家安全放到更加突出位置，提出“国家安全是中国式现代化行稳致远的重要基础”，强调必须全面贯彻总体国家安全观，完善维护国家安全的体制机制。

中国智库作为国家治理体系的重要组成部分，在这一过程中发挥着不可替代的作用。智库通过深入研究和分析，助力国家安全政策的制定和实施。同时，智库还通过举办论坛、研讨会等形式，促进国内外学术交流与合作，向国际社会传递中国的声音和理念，提升中国在国际安全领域的影响力。例如，3 月，浙江师范大学、中华人民共和国驻坦桑尼亚大使馆、浙江省政府外事办公室、金华市政府联合在坦桑尼亚达累斯萨拉姆市举办中非智库论坛第十三届会议，会议主题为“构建人类命运共同体的中非实践”；中共中央宣传部、国务院新闻办公室主办，中国社会科学院、中央广播电视总台、中国外文局承办了第三届“民主：全人类共同价值”国际论坛。5 月，全球化智库（CCG）联合中西对话（CWD）、美中公共事务协会（ACPAI）在美国举办中美智库交流会，会议主题为“为更美好的未来推进全球治理和人类安全”；上海国际问题研究院联合“香港全球繁荣峰会”、汇贤智库政策研究中心在香港共同举办 2024 全球繁荣峰会。7 月，中国国际经济交流中心举办第八届全球智库峰会，会议主题为“直面多重不确定性　共创全球美好未来”；清华大学主办、中国人民外交学会协办了第十二届世界和平论坛，论坛主题为“完善全球安全治理：护正义、促团结、谋合作”。10 月，中国社会科学院、巴西国际关系研究中心、巴西二十国集团智库、里约热内卢联邦大学共同举办二十国集团（G20）智库论坛，论坛主题为“全球治理与中巴合作”；中共中央对外联络部与中央广播电视总台联合主办“全球南方”国家智库论坛，论坛主题为“和平·发展·安全　携手共建命运与共的繁荣世界”；12 月，北京大学举办全球高校智库大会 2024，会议主题为“变动时代的全球治理”。

（六）体制机制改革与创新

党的二十届三中全会提出“构建支持全面创新体制机制”，强调“必须深入实施科教兴国战略、人才强国战略、创新驱动发展战略，统筹推进教育科技人才体制机制一体改革”。通过一体化改革优化资源配置方式、完善管理体制机制、健全考核评价体系，充分发挥教育科技人才最大优势。因此，迫切需要相关领域智库更好地探索规律、破解难题、引领创新，为深化体制机制改革创新提供高质量智力支撑。

在这一背景下，教育科技人才领域智库纷纷聚焦体制机制创新中的热点难点问题开展深入研究与探讨，有效支撑教育强国、科技强国、人才强国建设。例如，3 月，智库人才培养联盟主办，北京航空航天大学经济管理学院、北京航空航天大学人文社科与智库管理处、中国科学院大学公共政策与管理学院、中国科学院科技战略咨询研究院智库科学与工程研究中心承办了智库人才培养联盟成立周年研讨会，会议主题为“夯实学术基础，培养智库人才”。9 月，中国科学院科技战略咨询研究院、中国工程院战略咨询中心、中国发展战略学研究会举办第五届智库科学与工程国际研讨会，会议主题为“理实融通　开放创新　推动智库高质量发展”。12 月，瞭望周刊社、瞭望智库举办第九届新金融论坛，论坛主题为“全球秩序重构与中国金融力量崛起”，与会专家围绕“深化金融体制改革”展开讨论。长江教育研究院与中关村互联网教育创新中心联合举办 2024 年教育智库与教育治理 50 人圆桌论坛，论坛主题为“教育强国建设背景下新时代教育智库的使命与担当”。

党的二十届三中全会还将深化国资国企改革纳入进一步全面深化改革战略全局,要求建立国有企业履行战略使命评价制度,完善国有企业分类考核评价体系。企业智库积极开展理论研究与实践探索,推动落实国企改革,使得国有企业更好地服务于国家战略需求,实现高质量发展。如中石油集团、中粮集团近年来都依托智库研究力量支撑,积极推进全集团深化改革行动,不断优化治理结构,布局重点领域,有效激活集团动能。中车研究院开展《国有企业打造原创技术策源地模式和路径研究》等课题研究,提出了一系列具体可行的建议意见。11 月,人民日报社人民论坛杂志社主办 2024 国资国企高质量发展峰会,会上探讨了如何通过深化国资国企改革,推动高质量发展,服务中国式现代化建设。

(七)区域协调发展

党的十八大以来,国家高度重视区域协调发展工作,不断丰富完善区域协调发展的理念、战略和政策体系,推动我国区域协调发展进入新阶段。党的二十届三中全会进一步提出“完善实施区域协调发展战略机制”。中央经济工作会议和政府工作报告明确提出,要深入实施区域协调发展战略、区域重大战略及主体功能区战略,推动京津冀、长三角、粤港澳大湾区等优势地区发挥高质量发展“动力源”作用,支持成渝地区双城经济圈建设迈上新台阶。

我国相关智库通过深入研究区域经济、社会和环境等问题,为区域经济高质量发展提供了积极的智力支持。智库还通过促进区域间合作与交流,推动区域协同发展。例如,1 月,上海市科学学研究所联合江苏省科技情报研究所、浙江省科技信息研究院、安徽省科技情报研究所共同发布《2023 长三角区域协同创新指数》。3 月,京津冀三地省级党校(行政学院)联合举办京津冀协同发展战略实施十年高端论坛。4月,湖北省社会科学院联合清华大学习近平新时代中国特色社会主义思想研究院举办新时代中部地区崛起战略理论对话会。5月,中共海南省委宣传部、中国日报社、中国(海南)改革发展研究院共同举办2024RCEP区域发展媒体智库论坛,论坛主题为“共享红利　共促发展”。9月,辽宁社会科学院承办“东北三省一区+江苏”社会科学院院长联席会议暨贯彻落实习近平总书记“9·7”重要讲话精神推进新时代东北全面振兴研讨会。10月,国网能源研究院有限公司和中国石化集团经济技术研究院有限公司联合主办智库助力“十五五”规划,推动京津冀高质量协同发展研讨会,会上,国网能源研究院有限公司牵头携手京津冀地区中央企业、地方国资国企共18家单位成立了京津冀国资国企智库委员会。11月,长三角高校智库联盟主办,复旦大学长三角一体化发展研究院、复旦发展研究院共同承办了2024长三角高校智库峰会,会议主题为“探寻跨区域科创协同新路径,构建长三角改革开放新格局”;广东省粤港澳大湾区智库联合会和暨南大学联合主办了2024年粤港澳大湾区智库学术交流活动,活动主题为“坚持和完善‘一国两制’,塑造大湾区发展新动能”。12月,粤港澳大湾区国资国企智库联盟主办、南网能源院承办了粤港澳大湾区国资国企智库联盟2024年年会暨研究成果发布会,会议上发布了《国资国企服务粤港澳大湾区高质量发展报告(2024年)》。

(八)高水平对外开放与合作

习近平总书记深刻指出,对外开放是我国的基本国策,任何时候都不能动摇。新时代以来,我国主动对接国际高标准经贸规则,开放的范围更大、领域更宽、层次更深。党的二十届三中全会明确提出以开放促改革,建设更高水平开放型经济新体制。12 月召开的中央经济工作会议则明确了 2025 年经济工作的重点任务,其中特别强调了“扩大高水平对外开放,稳外贸、稳外资”。

我国智库积极加强国际合作与交流,通过国际交流与对话、举办国际会议、设置国际议题、在国际刊物或媒体发表文章等方式,为中国的高水平对外开放作舆论先导。例如,4 月,浙江师范大学非洲研究院和南苏丹战略与政策研究所共同举办第三届中国—南苏丹智库论坛,论坛主题为“加强伙伴关系、促进共同发展”。8 月,中国人民大学主办,中国人民大学重阳金融研究院承办,俄罗斯自由经济协会、加拿大曼尼托巴大学地缘政治经济研究小组、印度中国经济文化促进会合作举办了《攻坚:新时代中国全面深化改革和高水平对外开放进程及 2029、2035 畅想报告》四国合作智库研究报告发布暨国际研讨会。9 月,国经咨询有限公司、TCL 科技集团股份有限公司、TCL 实业控股股份有限公司联合举办中国企业全球化发展论坛,与会专家围绕“推动产业链出海”“推进更高水平全球化发展”“助力双循环新发展格局构建”等议题展开深入讨论;中国外交部主办、中阿改革发展研究中心承办了中国—阿拉伯国家智库联盟首次会议,与会专家围绕“坚持改革创新,推动新时期中阿高质量发展”“秉持包容互鉴,共促中阿高水平开放合作”等议题进行了深入探讨。

主题篇

一、我国新型企业智库发展的现状与特点

企业智库是中国特色新型智库体系建设的一个重要组成部分，近年来伴随着我国改革开放呈现快速发展势头，并日益成为推动我国科学民主依法决策、国家治理体系和治理能力现代化、提升国家软实力的重要智力支撑，对推动经济社会高质量发展、推进中国式现代化建设起着越来越重要的作用。2023 年 5 月国务院国资委印发《关于中央企业新型智库建设的意见》后，央企和全国各地国资国企更是从国家战略高度重视和推进企业智库建设。为深入了解我国新型企业智库发展现状，2024 年下半年以来，课题组通过开源信息搜集、广泛问卷调研、实地走访调研等方式，在北京、上海、深圳、广州、成都等地与 30 多家企业智库的领导专家和从业人员进行广泛交流与深入研讨，对我国新型企业智库发展的相关情况有了进一步的了解。

（一）概念及内涵界定

在阐述我国新型企业智库发展现状之前，必须先明确界定其内涵

与外延。何为企业智库,何为新型企业智库,何为中国特色新型企业智库? 当前社会各界对企业智库概念的争议较大,尚没有形成共识。

综合国内外智库研究专家观点,一般认为,企业智库是由企业创办的,具有公共政策咨询服务等智库功能的、不以营利为目标的研究咨询机构,既可以是独立的法人实体单位,也可以是企业内设的非法人实体机构。从实际情形来看,传统企业智库大多立足于为企业提供决策支撑与运营管理支持,主要功能是为企业内部决策、战略规划提供咨询服务,为政府公共政策和社会行业提供咨询服务属于次要或附加功能。还有一些国外咨询公司,如科尔尼、麦肯锡、野村综合研究所等主要服务于政府公共政策和企业战略规划研究的,也被视为企业智库。特别是国内有一批从事智库业务但因无法获得社会组织登记而注册为专业服务公司的机构,其既有智库功能又有市场咨询功能的"智库企业",客观上也可被视为企业智库。因此,企业智库与咨询公司的边界存在一定的模糊地带,区分两者的关键主要看其研究的内容与领域是否触及行业和产业的公共政策层面,而上面所述的"智库企业"从本质上看大多应归属于"社会智库"。

2015 年 1 月中央出台的《关于加强中国特色新型智库建设的意见》指出,"中国特色新型智库是以战略问题和公共政策为主要研究对象、以服务党和政府科学民主依法决策为宗旨的非营利性研究咨询机构",要"统筹推进党政部门、社会科学院、党校行政学院、高校、军队、科研院所和企业、社会智库协调发展,形成定位明晰、特色鲜明、规模适度、布局合理的中国特色新型智库体系",并特别提出,"支持国有或国有控股企业兴办产学研用紧密结合的新型智库,重点面向行业产业,围绕国有企业改革、产业结构调整、产业发展规划、产业技术方向、产业政策制定、重大工程项目等开展决策咨询研究"。这为我国新型企业智库建设指出了明确的发展方向。

2023年国务院国资委出台的《关于中央企业新型智库建设的意见》提出,“新时代中央企业新型智库是以战略问题和创新发展为主要研究对象,以服务党和政府及国资国企改革发展、行业产业、中央企业科学决策为宗旨的研究咨询机构”。借鉴这一定义,我们认为,新型企业智库是企业创办的、产学研用紧密结合的,以战略问题和创新发展为主要研究内容,以服务社会发展、行业产业进步、企业科学决策为宗旨的,不以营利为目的的研究咨询机构。与传统依托大企业大集团设立的智库比较,新型企业智库既服务于企业发展的战略决策需要,又强调从国家层面服务行业产业发展的公共决策研究,具有行业的前瞻性、引领性和指导性。与传统咨询公司形式的智库比较,基于科技公司、互联网平台企业或各类媒体机构转型形成的新兴企业智库则在研究手段、传播方式等方面有更多创新。

作为中国特色新型智库体系的重要组成部分,我国新型企业智库建设的内涵突出两点:一是“中国特色”,强调以维护国家利益和人民利益为根本出发点,坚持中国共产党领导,以服务党和政府战略决策为核心宗旨,将政策研究咨询作为主攻方向,立足中国国情,深入理解国家战略需求,结合企业行业专业优势,赋能国家治理现代化;二是“新型”,体现在思想理念、研究内容、组织形式、运行机制、制度建设以及工具手段、传播方式等方面的创新要求,智库建设更多引入现代化理念,设置前沿性重大议题、把握科技创新和未来产业发展战略方向,以先进技术特别是人工智能技术赋能智库研究精准和内部治理高效,更好地实施以人为本的组织管理模式,汇聚整合社会智力资源优势提升核心竞争力,推动经济社会高质量发展。因此,新型企业智库是推动我国新质生产力发展、实现中国式现代化的生力军。

(二)类别及特点

根据上述新型企业智库概念内涵界定,以及课题组调研走访相关智库机构的具体情况,按照企业属性、行业特点以及组织运行模式等特点不同,对当前我国企业智库进行分类,即包括中央企业智库,地方国资国企设立、投资、参股的智库,民营企业智库,科技公司、互联网平台公司和传媒公司等转型形成的新兴智库,以及国内外咨询服务公司形式存在的智库等多种类别。在这些智库机构中,还可以分成两种类型:一类是法律意义上完全独立的智库实体,另一类是依附于某个企业(集团)或行业协会的非独立法人的智库机构(部门)。

表 7 所列举的 40 多家研究机构是我们调研走访了解的情况,以点带面大抵反映了当前我国企业智库发展的主要类型。其中需要说明的是,中信改革发展研究基金会较为特殊,它既是一家以社会组织形式注册登记和管理的社会智库,又是中信集团创办和主管的公共政策研究机构,具有企业智库属性,因此课题组从广义企业智库的角度,也将其纳入我国新型企业智库进行观察研究。

表 7　我国新型企业智库分类及相关调研机构名称

序号	类　　别	独立/辅助	调研智库机构名称
1	中央企业智库	独立法人实体	中国石油集团经济技术研究院
			中国联合网络通信有限公司研究院
			中国投资咨询有限公司
			中核集团技术经济总院

续　表

序号	类　别	独立/辅助	调研智库机构名称
			中车研究院
			国网能源研究院
			南方电网能源发展研究院
			电力规划设计总院
			水电水利规划设计总院
			国家石油天然气管网集团有限公司
		企业内设实体机构	中国移动通信研究院智库研究中心
			交通银行金融研究中心
			中国电子科技集团公司发展战略研究中心
		央企主管基金会	中信改革发展研究基金会
2	地方国资国企设立、投资、参股的智库	独立法人实体	上海国有资本运营研究院
			深圳国资国企改革创新研究院
			上海投资咨询公司
			广新创新研究院
			成都设计咨询集团
			湖南湘江研究院
		企业内设实体机构	国泰君安研究所
			上海地产集团战略研究部
			上海交易集团战略与市场发展部（研究院）

续　表

序号	类　　别	独立/辅助	调研智库机构名称
			上海技术产业交易所战略部
			临港集团战略发展部
			华发集团战略运营与科创管理中心
3	民营企业智库	传统民营企业	中国民生银行研究院
			上海易居房地产研究院
			苏宁金融/物流研究院
			深圳前瞻产业研究院有限公司
			广东省国研数治规划研究院
		互联网企业	腾讯研究院/腾云智库
			乐视互联网生态研究院
			阿里研究院
			京东研究院
4	传媒企业智库	独立实体为主	第一财经研究院
			人民网研究院/人民网新媒体智库
			南方报业传媒集团新闻研究所
5	国内外咨询企业智库	独立实体	零点有数
			雨前顾问
			和君咨询集团
			野村综合研究院(中国区总部)

续　表

序号	类　　别	独立/辅助	调研智库机构名称
			长城咨询公司
			华夏基石研究院
			上海华略智库
			前滩产业研究院

尽管企业智库类型多样，分类也较为复杂有争议，有些还不是纯粹意义上的智库机构，但是从发挥企业智库功能作用的角度来看，我国新型企业智库建设是落实国家战略、助推行业产业发展、促进企业改革创新的重要力量，对加快新质生产力发展、实现中国式现代化具有重要的战略意义。总体上看，我国新型企业智库具有三个独特性：

一是聚焦企业行业发展实践的研究特色。与高校智库、党政军智库、科研院所智库等比较，企业智库立足于企业、扎根于行业、贴近经济发展实践，拥有丰富的行业专家资源和专业研究积累，对企业行业发展现状、前沿技术的认识较透彻，是企业行业公共政策发展的重要智力支撑。企业智库通过深入解读国家政策法规和宏观经济形势，结合企业特点和行业发展趋势，为企业发展提供科学依据，为行业战略规划提供决策支持，也为企业行业发展技术路径制定方案策略、指导项目实施。同时，企业智库紧密围绕国家战略需求，通过深入研究，为企业参与国家战略项目提供决策支持，推动企业在国家战略实施中发挥积极作用，促进行业科学发展和国家战略顺利落实。

二是推进“产学研用”紧密结合的有效载体。相较于外部咨询服务机构，企业智库具有深入了解企业发展痛点的天然优势。一方面，企业智库可以通过其链接生产企业、学校、科研机构等主体的平台功能，整合社会各方资源，实现优势互补，贯通科技成果产业化渠道，促进科技产业各环节的有机对接与耦合，推动“产学研用”完整链条形成；另一方面，企业智库作为行业发展战略的引领者，需要时时密切关注市场动态和全球技术发展趋势，能够深入洞察企业外部环境变化，紧密围绕国家战略，结合企业发展目标、业务流程和组织架构，为行业公共政策制定提供针对性强、切实可行的意见建议，助力企业在复杂多变的市场环境中实现可持续发展。

三是连接企业与政府、社会公众、国际组织等的重要桥梁。企业智库天然具有平台、纽带和桥梁功能，通过发布研究成果、组织论坛活动、加强技术合作等方式，与国内外社会各界进行广泛交流。企业智库站在全局和国家战略高度，时刻关注国内外宏观政策动向、行业产业发展前沿技术以及企业创新发展的需求，与企业、政府、媒体、国际组织、社会公众等方面保持密切联系，积极地把企业行业发展的实际情况及政策诉求传递给政府公共决策部门，也能有针对性地把国家战略与公共政策向企业、社会公众做宣传诠释，充分发挥咨政建言、行业创新、社会服务、国际合作等方面的智库功能，推动社会各界形成良性互动、共建共享的良好氛围。

（三）发展总量及结构

根据对央企智库联盟、粤港澳大湾区国资国企智库联盟、上海国资国企研究中心等智库管理部门以及相关智库机构的调研了解，按照宽口径统计(包括独立法人实体和企业内设机构)的初步估算，全国新型企业智库数量有 600 多家。其中，央企智库联盟在内的央(国)企智库机构有 100 多家，各地地方国资国企投资或参股设立的智库机构有 400 家左右（上海有 60 多家，企业内设机构为主），民企性质智库数量不少，但规模较小且多以科技企业、互联网平台公司、咨询公司形式存在，粗略估计，这类有一定规模的头部智库机构有 100 多家。

目前我国新型企业智库正处于爆发式增长中，特别是伴随着科技创新与未来产业快速发展，以及传统咨询公司、媒体机构的转型，新型企业智库正成为我国智库体系的生力军，其结构呈现如下五个特点：

一是央（国）企智库是新型企业智库主力军。央（国）企智库肩负着服务中央企业加快建设世界一流企业、加快新质生产力发展、推进中国式现代化建设的历史使命，履行经济责任、政治责任、社会责任。未来我国要建设一批支撑企业、引领行业、服务国家、面向全球的新时代央（国）企新型智库体系，充分发挥其咨政建言、理论创新、舆论引导、社会服务、国际合作等重要功能。目前央（国）企智库联盟有 102 家成员单位，其中有智库属性和功能的有 6 类：包括企业下属各类研究院或中心有 57 家，科技或咨询公司有 8 家，依托企业内部的战略规划、管理改革和科技发展部的有 28 家，集团办公室和政研室的有 15 家，2 家是基金会和委员会，还有党建工作部、党校和培训中心的有 4 家。独立法人实体机构与企业内设部门大约是 60%与 40%的比例结构（如图 5 所示）。

二是智库研究领域覆盖我国重要行业产业。从课题组问卷调研和实地走访情况反映来看，企业智库研究领域覆盖事关我国经济发展的重要行业产业（如图 6 所示），如电力能源、移动通信、工程咨询、建筑材料、轨道交通、金融业、制造业、房地产等，特别是央企智库和各地地方国企智库，都是紧紧围绕所在企业行业发展趋势及内在规律提供的前瞻性储备性研究，为国家制定行业产业政策提供智力支持。而大多数民企独立智库则更多在细分行业领域深耕，如物流、市场调查等，一些

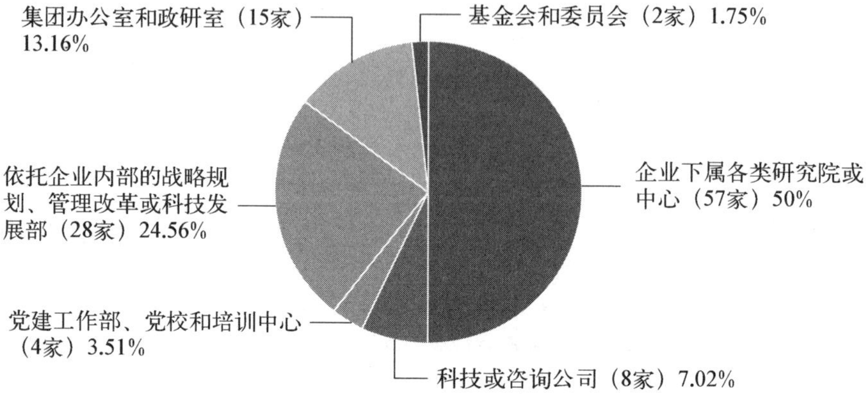

图 5　央企智库联盟相关企业智库建设载体统计图

互联网企业智库更多涉猎人工智能、数据大模型等新兴产业研究，还有一些具有智库功能的国内外咨询企业，由于其服务对象和研究内容大多聚焦在各级地方政府的公共政策领域，包括城市治理、产业规划、科技创新等。因此，企业智库研究领域广、实践应用性强，对经济发展推动的智力支撑作用很大。

图 6　问卷调研相关企业所属行业词云图

三是企业智库建设载体呈现多元化趋势。在推进企业智库建设进程中，有大量央(国)企集团新设独立智库机构或扩大现有研究院(研究中心)所属智库的业务范围，而且一批新兴企业也积极设立智库部门，肩负更多社会责任，积极引领社会变革，如腾讯研究院、华为研究院、阿里研究院等将“未来科技和产业研究”列入正式议程加以研究。还有一些媒体机构也设立面向市场与社会的智库机构，利用自己独特的信息传播优势发挥舆论引导和社会服务等功能。面广量大的国内外咨询公司、科技公司、金融企业、传媒机构等，也在积极地向智库转型，更多地承接政府研究项目，提供公共政策咨询服务。图 7 展示的是问卷调研的企业智库所在的建设载体情况。

图 7　问卷调研的相关企业智库建设载体词云图

四是企业智库发展存在区域与行业不平衡。与其他性质的智库机构具有相同特点，就是企业智库扎堆聚集在经济发达城市，呈集群化发展，特别是北上广深和成渝地区，占到企业智库总数的 70%左右，中西部、东北部地区的新型企业智库数量较少。同时，企业智库在行业产业领域分布上也存在不平衡，大多聚焦在热点产业研究，如电力能源、数字经济、智慧城市治理、商业地产、金融服务等领域，但对于传统产业转型、城市更新发展以及科技产业化等更为综合性的智库研究相对较少，特别是对前沿技术发展趋势以及科技革命对人类社会颠覆性影响等的前瞻性、储备性研究智库机构更是凤毛麟角。各类头部企业在本领域都成立了研究院,但更多研究注重技术路径而非智库。

五是企业智库发展的功能作用具有多重性。与其他中国特色新型智库相比,新型企业智库的功能作用更多体现在其对我国经济社会发展的推动作用,侧重对我国科技创新与产业创新发展方面的研究,因此,企业智库在未来促进我国新质生产力发展、推动中国式现代化建设中具有更为重要的现实意义。具体来说,全局上树立服务党和政府战略决策的宗旨,增强咨政建言能力,赋能国家治理现代化;整体上服务行业转型升级,把握科技创新战略方向,抢占产业发展制高点;根本上服务好企业高质量发展,发挥科学决策支撑和运营管理支持作用,精准对接企业需求,为建设世界一流企业建言献策;进一步加强与拓展国际交流,推动国内外智库网络建设。

二、我国新型企业智库建设经验及面临的问题

近年来,我国各级党委与政府高度重视和鼓励支持企业建设新型智库,以央(国)企新型智库体系建设为引领,全国各地各类新型企业智库如雨后春笋般地发展起来,并取得了不少成效和经验,对我国国家治理体系现代化建设、经济社会高质量发展和科技产业等软硬实力的提升,都发挥了非常重要的智力支撑作用。但是,与我国党政军智库、社科院智库、高校智库等其他中国特色新型智库比较,新型企业智库建设总体还处于起步发展阶段,既有优势条件和发展空间也面临不少困难与挑战,亟待在客观研判问题及其原因的基础上寻找对策。

(一)我国新型企业智库建设的经验做法

根据央(国)企新型智库、头部民企新型智库等 30 多家机构调研的情况以及一些专家访谈等资料总结梳理,我国新型企业智库建设之所以能取得明显成效,关键在于采取了一些具有共性的经验做法。

1. 制定发展战略规划，建立健全内部治理结构

自中央《关于加强中国特色新型智库建设的意见》出台后，从国家到地方都出台了有关新型智库发展的指导意见，国务院国资委央企智库建设意见的颁发，更是对新型企业智库发展指明了方向。由此，无论是新设企业智库，还是企业内部传统研究机构向智库转型或者拓展智库功能，大多研究制定了战略顶层设计，构建起相应的组织管理架构，并确定办公等硬件设施建设载体。据问卷调研的 28 家企业智库反映，有 65％专门编制了智库建设规划和管理办法，有 82％设立了专门的智库管理机构，有 60％以上有独立办公场地和所属企业的专项智库建设经费。如中国石油天然气集团有限公司，创新实施举全集团之力建设国家高端智库的新型体制，在集团层面成立高端智库建设领导小组和学术委员会。集团公司党组书记、董事长，党组副书记、党组成员、副总经理先后担任高端智库建设工作领导小组组长，发挥组织领导作用。学术委员会提供宏观指导，中国工程院院士担任学术委员会首席专家。同时，依托中国石油集团经济技术研究院成立中国石油集团国家高端智库研究中心作为高端智库建设的实施平台（与中国石油集团经济技术研究院“一个机构、两块牌子”），汇聚全集团思想智慧，整合内外部优势资源，智库研究中心主任先后由集团公司助理级领导、经济技术研究院党委书记兼任，并增配专门机构、经费和人员编制。另如电力规划设计总院，构建了较为清晰的智库运作组织架构：由智库办公室归口管理智库建设工作，人力资源部负责智库人才队伍建设，党群工作部负责智库宣传建设。清洁能源研究院、电力发展研究院、发电工程咨询院、电网工程咨询院、技术经济咨询中心、技术创新与产业策划中心、数字化分公司、国际分公司等各自负责研究工作。再如上海投资咨询集团，通

过组织机构探索创新，重构战略发展格局，打造“智库研究中心”作为集团层面的实体独立运作，做好政府在相关重点领域公共政策制定的智囊团，智库研究中心发挥“中央厨房”的重要作用，实现对内外的资源整合、服务研究咨询。

2. 加强人才队伍建设，构建配比合理的人才结构

人才是智库的核心优势，企业智库既要有“库”，更需要“智”，打造一支由战略领军人才、复合型研究人才和专业管理人才等结构配比合理的人才队伍是智库建设的根本，“梯队成岭、专家成峰”的人才高地更是一个企业智库快速成长的标志。大力引进和培养人才、建立考核激励机制、激发内动力是企业智库建设取得成效的关键一环。据问卷调研的 28 家企业智库反映，有近 70％的机构形成了人才引进培养制度、考核激励办法和经费管理办法。在人才引进渠道上，主要是从高校、其他企业和科研机构引进，其次与高校联合培养，还有就是聘请政府离退休领导，有 60％—70％的机构与外部专家合作研究。如中国国际工程咨询有限公司在智库人才队伍建设上，从清华大学、北京大学等名校招聘高素质学生，从高端智库单位招聘研究人员；聘请决策咨询经验丰富的退休委办局领导；与天津大学、北京航空航天大学等几所高校联合开展博士生培养，与清华大学等高校联合成立博士后工作站等。另如中国赛迪研究院坚持自主育智，培育年轻化、高学历的自有人才队伍，建设工业和信息化领域的全科型团队，实现各个业务板块之间的协作和调配。再如上海国资运营研究院将人才队伍建设作为“一号工程”，全力打造人才新高地，招才引智，全日制硕士以上学历占比 70％，45 岁以下人员占比 85％，实行特聘专家制度，涵盖资本运作、产业发展等高层次专家已达 456 名。

3. 紧贴国家战略和决策需求,确立智库发展定位与研究领域

新型企业智库胸怀国家大局、体现责任担当,紧贴国家战略和政府决策需求,结合行业企业发展优势特点,明确自身的智库定位和研究领域,在深度参与我国改革开放和经济发展实践过程中提供更有针对性的咨询服务。如中信改革发展研究基金会,紧跟党中央决策部署,围绕国家发展战略、地缘政治关系、国家治理、科技产业化转化等方向,跟踪国家重大事件和中国转型升级中的重大议题开展战略性、前瞻性、应对性研究,努力打造“研究问题的平台、正面发声的窗口、建言献策的渠道、对外交往的桥梁、凝聚人才的阵地”五项功能。如国网研究院立足国家电网公司,服务国家能源战略,服务能源电力行业,服务经济社会发展,聚焦能源电力发展与能源经济、能源体制机制与政策、电网发展与管理决策支撑、企业发展与管理决策支撑等四大研究领域,努力建成国际一流能源行业智库与企业智库。另如水电水利规划设计总院以“国际一流的智库型咨询公司”为发展愿景,战略定位为“能源行业国家级新型智库、可再生能源行业高端咨询机构、集团发展技术支撑平台”,聚焦水电、可再生能源等领域中长期发展研究,形成水电、新能源、国际、信息、投资五大业务板块。还如中国移动通信有限公司研究院聚焦数字经济、科技与产业、国家安全三大研究领域,形成一系列具有战略性和针对性的研究成果。再如国泰君安证券研究所是证券行业研究型智库第一梯队,围绕资本市场改革发展、上海“五个中心”建设等,构建“政产学研金服用”深度融合的生态系统,加速研究成果应用转化、支持公共政策实践落地。

4. 建立上下贯通、横向协同的沟通机制,形成智库研究网络

新型企业智库积极搭建各种平台,加强与社会各界的沟通交流,形

成连接政府、企业、高校、研究机构、媒体等智库组织网络。建立健全与政府部门的常态化沟通机制，及时了解政府需求，建立快速响应机制，深度参与重大决策部署，为区域和行业产业发展提供准确、前瞻、及时的建议。加强与党政、高校、科研院所等其他智库的交流合作，共同开展研究项目、共享研究成果，提高研究质量和影响力；加强与媒体、协会等社会组织及国外同行机构的交流合作，扩大研究成果影响力和行业话语权等。据 28 家问卷调研的智库反映，与横向协同的沟通交流机制比较广泛（如图 8 所示）。如中国石油集团经济技术研究院，充分发挥依托能源行业和国有重要骨干企业优势，依托各类基地平台，面向国内能源行业央企、智库及其他组织，推进资源对接、创新协同、信息共享。已与相关单位合作共建“财税与金融研究中心”“成品油市场信息中心”“天然气市场信息研究中心”“海外发展战略研究中心”“‘一带一路’能源资源合作研究中心”等 14 个研究中心。推动国际间的研究合作，与国际能源署、石油输出国组织、美国能源信息署、日本能源经济研究所、英国石油公司等国际组织及大学、研究机构和大型能源企业建立机制性合作关系。另如中信改革发展基金，探索建立了一套打破领域限制、突破学科壁垒、融通年龄层级的组织机制和协同机制，开展全方位、多维度的综合研究，提升研究复合价值。还如国网研究院，每年定期举办能源转型发展论坛，发布《中国能源电力发展展望》《全球能源分析与展望》等成果，邀请政府、行业、高校等方面知名专家学者，共商能源电力转型发展大计。

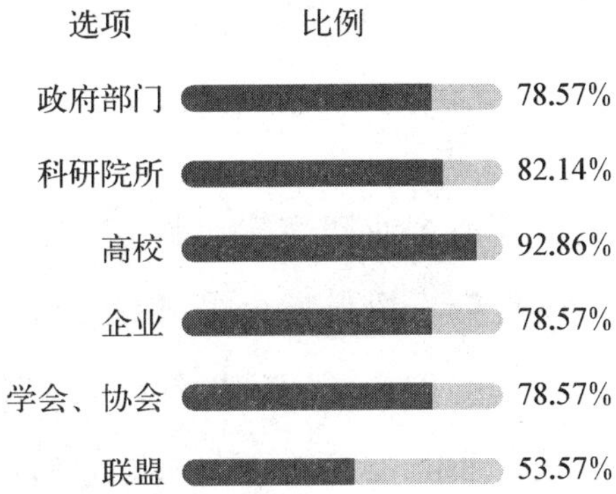

图 8　问卷调研单位与国内组织/机构建立的合作网络统计图

与央视《焦点访谈》《东方时空》等栏目合作,针对实现“双碳”目标、构建新型电力系统、脱贫攻坚与乡村振兴等热点问题,及时回应社会关切、壮大主流舆论、提升公众认知。再如中国赛迪研究院搭建产业平台,成立中国增材制造产业联盟、中德智能制造联盟、中国大数据企业联盟等20家产业联盟,推动“产学研用”一体化发展。依托产业联盟举办国际风能大会、中国光伏大会、中国手机创新周、中国(东莞)国际机器人领袖峰会、中国工业强基战略发展论坛、中国新能源汽车领袖峰会等,成为行业风向标。

5. 积极拓展决策咨询渠道,推动智库成果的转化与应用

新型企业智库建设旨在加快建立科学咨询支撑行政决策机制,以科学咨询支撑科学决策,以科学决策引领科学发展。为此,大多数企业智库高度重视智库成果的应用,积极拓展决策咨询渠道,推动智库成果转化为实际政策或企业实践,并对转化后的研究成果进行评估跟踪,确保其在实际应用中发挥更大作用。据问卷调研的28家智库机构反映,近43%有独立畅通上报渠道,近54%无独立渠道但可依托上级部门或合作单位渠道上报。其中参与政策制定、委派专家或研究团队参加政府决策咨询会议、承接政府企业的专业性研究项目、咨政报告或专报等开展决策咨询活动的智库达70%—80%;60%多在省市或地方主流媒体或智库类刊物发布最新研究成果,70%—80%在智库建设载体网站、微信公众号上发布最新智库成果。70%有智库的内部期刊。如中国工程咨询公司,与多个中央决策机构建立专门报送渠道,将决策咨询成果第一时间报送党中央、国务院。《中咨专报信息》是核心智库产品,《中咨智库观察》《国际内参》是观察国际知名智库和专家学者最新研究成果的窗口。

6. 构建数智化的研究支撑体系，利用新技术手段提升研究效能

新型企业智库建设成效的经验显示，数据资源与保障体系是底座、智库能力创新与应用体系是引擎，智库统一运营与管理体系是保障。因此，构建支撑决策的行业产业数据库、知识库、政策库等数字化体系，实现数智化成果展示、提高决策效率，是当前企业智库建设的重要基础设施，充分利用大数据、人工智能、云计算等现代信息技术手段，定期跟踪研究国内外政治经济、行业产业、科技创新、企业运营等情况，提升研究效率和精准度。据28家问卷调研智库反映，近68%建立了行业相关数据库、75%建立了成果库、86%建立了专家库、68%建立了项目库。如零点有数，不断整合移动互联网、人工智能、云计算、物联网等领域新技术，将多源数据与公共事务和商业服务的垂直行业场景结合，形成"咨询＋技术"双轮发展路径，实现"经验模型化，模型算法化，算法软件化"，推进决策科学化、服务高效化。再如国网研究院围绕基础理论、方法模型、软件工具等，建成经济-能源-电力-环境-企业联动量化分析的智库研究平台。完成国家电力需求侧管理平台三期开发，成为国家发展改革委经济运行分析的重要支撑。电力供需、能源规划、企业经营财务等实验室加快功能迭代，逐步形成产权自主、功能完备、方法科学的软科学工具体系。南网能源院聚焦人才"选用育留激"全链条，形成"182＋N"(即1个核心＋8项机制＋2项支撑＋N个实践案例)的人才发展体系，发布《南网能源院建设中央企业新型智库人才发展白皮书》。

(二) 我国新型企业智库建设面临的挑战与问题

尽管我国新型企业智库发展取得了不少成效和经验，但与其他中

国特色新型智库建设一样，既面临外部环境变化带来的一系列困难与挑战，也存在内部人才、资金、技术等资源要素不足与不匹配以及体制机制障碍等方面问题。而且不同属性、不同行业、不同区域、不同载体的企业智库，由于各自发展基础不同、服务对象不同、功能作用发挥不同，其面临的挑战与问题也不尽一致。综合分析来看，当前我国企业智库建设主要面临以下六个方面的挑战与问题：

1. 企业智库建设跟不上全球科技经济快速发展需要

伴随着新技术颠覆性发展、国际格局急速转变和全球治理模式加快变革，人类社会面临着百年未有之大变局，智库的研究议题、研究方式和功能作用必须适应新形势发展的要求，尤其是与科技、产业和企业发展紧密相关的企业智库，必须高度关注全球科技经济社会发展趋势及治理结构变动态势，认清这种变化对人类生产生活带来的巨大影响，为决策层和社会公众提出应对这些变化影响的策略和方法，回答这些前沿性的时代之问，这是我国新型企业智库肩负的使命与任务，更是其面临创新转型发展的内在要求。

但是，调研中发现，在新一轮科技革命浪潮中，我国大多数企业智库的研究理念、内容和手段仍较为传统，缺乏对全球新技术新产业发展的深刻洞察力，前沿性议题设置能力不足，预见性、引领性和储备性的重大研究仍不够。同时，大数据、大模型、人工智能、区块链等新技术发展为智库研究增添新工具，助力智库进行新的理论成果创新，但大多数企业智库仍拘泥于传统的研究方法和手段，信息技术手段和工具运用刚刚起步，数据库建设、人工智能运用没有全覆盖，方案策略研究的精准性不够，具有深刻洞见、独特创见、战略远见和具有现代表达与国际化传播的智库成果还不多。这一方面基于科技经济发展不确定性增强，新型企业智库缺乏战略科学家等顶尖人才，对前沿技术把握不足；另一方面，企业智库的机制和制度创新不足，研发投入能力不足，无法适应瞬息万变的技术市场和产业市场。

2. 企业智库建设在类型、模式、功能发挥上存在较大发展不平衡

我国新型企业智库的发展类型、组织模式和功能发挥呈现多样化、多元性的特点，与此相应，不同行业、不同区域、不同属性的企业智库建设水平具有较大的不平衡，如国资企业智库建设具有较好的人才资金基础，对接政府、媒体等渠道畅通，民企智库市场化社会化程度较好、机制灵活，但地位不高，总体发展较为弱势。还有一些新兴科技企业智库在连接科技产业发展上发挥了很好的平台纽带作用，但数量少、影响力不强。一些媒体型、平台型企业智库具有强大的传播能力，但发展时间较短、智库人才缺乏，尚未形成气候。

即使央(国)企智库，其内部建设水平也存在较大差距，有些起步较早的，如中国石油天然气集团有限公司、中国国际工程咨询有限公司等国家级智库机构，有稳定的组织机构、研究团队、平台渠道、特色产品和工作机制等，有明确的战略规划、智库体系和成熟的建设经验，在咨政建言、社会服务、公共外交等方面发挥了很好的作用，具有较大社会影响力和行业话语权。但多数央(国)企还处于智库筹备或建设初期，对为什么以及如何建智库还存在思想不统一、发展目标不明确等困惑。有些央(国)企将现有研究机构、培训机构、行业协会等转向智库，但还面临体制改革、人才调整等问题。

同时，我国新型企业智库在区域分布、行业分布上更是呈现发展不平衡的情况，北上广深和成都、苏州、南京、重庆等经济发达与市场化程

度较高地区的新型企业智库发展较为迅速，但中西部内陆和东北地区则比较落后，鲜有影响力的企业智库崛起。互联网平台、新兴技术产业领域和传媒机构等企业智库发展较为亮眼，特别是基于大数据、大模型分析的科技企业，逐渐为政府提供专业性咨询服务，如零点有数、中指研究院等就是基于特定领域数据，但传统技术产业领域企业智库发展相对较为薄弱。

3. 企业智库整合利用社会资源、发挥集群化作战能力不强

顶尖人才团队、强大财力支持、独特知识信息，以及良好的外部合作资源等，是智库建设与影响力提升的有力支撑。大多数企业智库在人才队伍培养建设、数据资源利用、研究成果生产与传播、对外交流合作等方面都有不少探索与成效。但从整体来看，我国企业智库大多各自为政，开放合作意识不强，整合利用社会资源支撑研究的能力尚不足，缺乏多层次、多领域合作平台整合多元化智力资源，复合型和成熟型人才培养与引进不够，难以实现跨学科、跨领域、跨机构多方协同与密切配合的研究机制，集群式作战的能力与机制尚不足。

近年来各种形式的企业智库联盟，如央企智库联盟、长三角科技产业智库联盟、粤港澳国资企业智库联盟等也在不断成立，试图通过合作来提升企业智库集群化作战的能力，但客观上这些合作形式大于内容，缺乏可持续的共创共建共享合作机制。这一方面主要基于体制机制束缚，大多数国资企业智库受制于相应的国有企业管理体制，其智库的身份属性决定了研究的组织方式与成果应用形式受到来自主管部门的管制要求；另一方面还是缺乏全球化的视野和开放创新的理念与战略定位，大多数企业智库有本位主义思想，缺乏“立足企业跳出企业、立足产业跳出产业”建智库的意识，没有站在国家战略和谋求社会福祉高度去

整合利用社会资源、发挥集群化作战能力。

4. 企业智库建设的现代化治理结构和管理制度仍不够健全

我国企业智库面广量大、类型多样，在向中国特色新型企业智库发展的进程中，建立治理完善、充满活力、讲求质量、资源配置合理高效的智库管理体制和运行机制，是现代化企业智库建设的基石和根本保障。但目前我国企业智库的内部治理结构和管理制度仍存在较多问题，不适应现代智库发展的内在要求。调研中不少企业智库的专家和管理者反映，目前大多数智库的管理较为传统、效率不高，表现为人力资源配置不够科学、领军人才缺乏、智库产出效率和效能不高；利用新技术进行内部治理的能力偏弱，决策咨询研究缺乏针对性与精准性；管理方式缺乏创新性，发展内生动力机制不足；组织形式较为单一，专业化品牌特色不明显；等等。

当前我国大多数企业智库的组织架构还不够健全，缺乏统筹智库建设工作的强有力的管理部门，没有形成智库项目跨部门协调资源和推进合作的机制。据问卷调查统计，智库内部治理结构上，建立了包括理事会、学术委员会、专家咨询委（或具有相似功能的组织）的占比 40%左右，仍有近 36%的智库机构没有专门编制智库建设战略规划。在智库建设的研究方向、成果与人才评价、管理和研究工作运作流程、考核激励机制等方面，尽管有 60%—70%的智库形成了相关的办法和制度，但是规章制度实施还不完善，缺乏扁平化管理、项目制管理、灵活配置研究人员，有近 40%的智库反映内部协同研究网络的支撑作用不够或根本没有建立起来。

5. 企业智库建设缺乏公平竞争的市场环境和相关评价标准

据问卷调查统计，我国企业智库在推进智库建设中遇到的主要问题如下：专项经费不足(46%多)、成果报送渠道单一(46%多)、专职人员不足(36%)、成果宣传推广不够(32%多)、管理机制不够灵活(28%多)、开放合作网络尚未建立(25%)、成果数量不足(25%)、成果评价机制不健全(近18%)。其中既有企业智库自身的问题，也有外部环境问题，而很多问题折射出市场环境的内化，如专项经费大多来自政府决策咨询需求，比重为60%—70%；成果报送渠道单一问题反映了供需信息不对称，开放合作网络和成果评价机制问题反映了市场规则和标准建设的不足。因此，新型企业智库建设需要一个公平竞争的市场环境，要有相应规则制度、明确的市场准入和产品评价标准。

但是目前来看，我国决策咨询市场发育尚不完善。作为咨询服务供给方的企业智库面临基础设施不健全、市场认可度不高、产品评价标准缺乏、制度规则尚未建立等问题。作为咨询服务需求方的政府、企事业单位，在邀请、遴选或采购咨询服务时，对智库的规模、属性及影响力等存在一定的偏好，倾向于选择体制内、规模较大的传统知名智库，而与中小规模、成立时间不长、体制外的新兴企业智库之间的合作有限。据调研反映，政府采购咨询服务产品缺乏权威的市场标准，一些民资与外资企业智库在参与课题招投标方面，处于明显的弱竞争力地位。从当前我国全面深化改革、发展新质生产力、促进产业转型升级来看，建立公平竞争的市场环境也是企业智库发展的关键。

6. 企业智库建设的品牌影响力和国际话语权仍较为弱势

根据美国智库学者雷蒙德·斯特鲁伊克完善智库管理的观点，智库发展经历基础管理(basic management)、完善管理(improving management)和卓越管理(excellent management)等阶段。基础管理把人力资源管理、财务管理、课题管理等日常管理制度建立起来，完善管理把人员激励、品牌运营、公共关系与传播、知识管理与数据库做好，卓越管理则进一步重视组织文化建设，智库建设的驱动从资源驱动变为文化驱动，从战术研究变为战略研究，从国内影响变为国际影响。

从目前看，我国新型企业智库的决策影响力、社会影响力和国际话语权总体还较弱，在科技创新、产业发展和企业转型等公共政策研究中缺乏有品牌影响力的重要智库机构，而开展国际智库交流互动，主动设置国际议题，积极参与或主导国际规则、标准制定，形成有全球影响力智库研究成果的企业智库更是凤毛麟角。与党政军智库、科研院所智库、高校智库以及一些社会智库相比，未来我国企业智库在全球科技产业发展和软实力竞争中的地位作用提升应具有更大的优势与发展空间。所以，我国新型企业智库在初创阶段就要吸取其他智库机构的经验，高起点布局，加强国际前沿性问题研究，率先做好提升品牌影响力和国际话语权的战略规划。

综上所述，我国新型企业智库建设取得的成效和面临的挑战与问题是发展过程中的客观反映，具有阶段性的共性特点。但是不同企业智库面临的困难与问题侧重点也有不同，比如国资企业智库建设存在诸如自身业务范围界定不清、治理机制不健全、缺乏品牌影响力、开放创新不足等问题，面对的是传统体制机制障碍和内部管理机制不灵活等困扰；民企智库则更多面临外部发展环境影响，存在资金、人才、信息数据等资源短板；而外企智库业务发展存在国内数据信息开放与安全问题等。还有大量科技数据公司、平台公司与传媒公司转型发展起来的新型企业智库，面临更多核心智库专家短缺以及本身业务市场拓展等方面问题，对专业性数据管理、挖掘和转化利用也还不够，缺乏完善的数据采集、存储、应用、共享等全链条建设。因此，加强我国新型企业智库建设，必须在遵循现代智库发展规律的基础上，针对不同企业智库建设的关注点及核心问题，研究提出具体的适应性的对策意见与建议。

三、促进我国新型企业智库高质量发展的思路与对策建议

当今世界正处在急剧分化和利益博弈的新时代，尤其是全球科技经济快速发展推动人类社会生产生活发生颠覆性变革。当代中国从世界舞台边缘走向中央，面临广泛而深刻的社会变革、宏大而独特的实践创新。新时代我国新型企业智库肩负着重要的历史使命和社会责任，不仅要为产业行业和政府政策决策提供强大的智力支持，前瞻性研判技术行业产业发展大势，引领我国经济社会高质量发展，而且要为全球治理新格局提供新理念新动能，在促进全球治理体系变革、提高人类社会福祉中发挥更大作用。

（一）促进我国新型企业智库高质量发展的思路

新型企业智库要真正成为党和政府靠得住、用得上、信得过的智囊团，成为精准服务决策的思想库和推动经济社会发展的行动库，成为推进中国现代化强国建设的智力支撑和我国新型智库体系的核心主力军，体现较高的思想力、谋划力、传播力、影响力、行动力，关键要对标党

中央对新型智库建设的目标要求、对标国际一流企业智库标杆，强化国家站位、世界眼光、战略思维和专业优势，立足新时代、面向新征程、抓住新机遇、迸发新能量、展现新作为，研究探索新型企业智库建设的实践进路和发展模式。要重点把握以下三个方面：

1. 推动传统企业智库向现代企业智库创新转型发展

面对以互联网、大数据、人工智能为代表的新技术革命快速发展带来的机遇与挑战，面对人类社会生产生活发展面临的颠覆性革命，新型企业智库亟须在研究理念、议题设置、研究内容、组织方式、技术手段、治理模式等方面的不断创新中实现转型发展，以企业智库建设助力我国科技经济社会高质量发展，为中国式现代化建设提供强大的智力支撑。利用新技术特别是人工智能技术赋能智库研究，不仅要在创新性思维导向、信息化传播方式、高科技研究手段等方面取得更好的进展，而且还要在提升智库专家的国际化视野、设置前沿性议题、推进开放性研究模式、组织管理方式、全球化话语体系建设等方面进行更好的实践与探索，特别是要在研究对象与内容上体现前瞻性、前沿性、战略性和指导性。当前我国很多企业智库仍拘泥于传统发展模式，研究还跟不上现代技术发展、跟不上行业产业变革的需求、跟不上政府公共政策与市场发展的需要，知识成果的管理与传播还比较传统落后，亟须创新转型发展。

2. 坚持“立足企业跳出企业、立足行业跳出行业”研究导向

企业智库是依托于企业行业发展兴办的智库，人、财、物、信息等资源主要来自企业投入，资源较为丰富。而在长期发展中，企业智库积累的最大优势是熟悉企业、熟悉行业，能掌握第一手信息资源，研究上更

接近实际、便于检验成果,有利于产生推动社会进步的知识成果。因此,新型企业智库建设必须要在“立足企业、立足行业”的实践土壤中去获取第一手的研究选题、研究资源和研究成果。同时肩负着推动经济社会发展重任,建立具有影响力的国际标准,引领着行业产业发展方向,必须“跳出企业、跳出行业”,坚持科学精神,保持研究独立性,站在第三方视角研究战略问题和公共政策,在具体运营上必须拥有自主的人权、财权、事权,更好服务国家战略、社会需求、行业发展。所以,要客观辩证地把握好我国新型企业智库的独特性,充分考虑其在咨政渠道、管理制度、机制建设以及人才配置等方面的特点,更好地发挥新型企业智库在我国新质生产力发展中的优势与作用。

3. 切实提升新型企业智库建设的国际化和社会化水平

我国新型企业智库要成为具有全球影响力的世界一流企业智库,必须开门办智库、开放办智库。目前我国传统企业智库的国际化程度不高,较之于国内高校、科研院所智库都相对落后,与国际社会和国内各行业缺乏较为深入且持续的思想交流与项目合作,与国外智库、媒体、行业等的互动并不多,从传播角度看还存在多语种门户网站建设滞后、官方网站动态和研究成果更新不及时等问题,不善于利用社交媒体进行全球范围内的有效传播。企业智库要服务行业发展升级,把握科技创新战略方向,抢占产业发展制高点,必须站在国际发展前沿,研究前瞻性问题。同时,要顺应智库跨界发展趋势,探索联合研究和跨学科交流融通路径,建成理论创新柔性组织,厚植企业理论创新根基,创建企业特色多元理论创新图谱,绘制智库理论创新资源图,打造智库发展的硬核能力,创新咨询服务大数据、大模型等好方法。

（二）促进我国新型企业智库高质量发展的对策建议

为加强新型企业智库建设、完善中国特色新型智库体系，提高我国企业智库对经济社会发展的智力支持，总结提炼近年来企业智库建设的成功经验及做法，针对当前企业智库建设中面临的挑战与困难、存在的短板不足和瓶颈问题，课题组认为，关键要从内外两个方面采取措施：一方面，进一步完善我国新型企业智库建设的外部环境，政府高度重视并采取鼓励政策支持企业兴办智库，推动一些企业研究部门或具有智库功能的机构向智库转型，建立健全我国咨询服务市场，为新兴企业智库发展营造良好的市场环境；另一方面，要提高企业智库核心竞争力，加强资源整合利用、形成智库集群化作战能力，建立健全内部治理结构、提高智库成果质量水平、加强智库影响力的传播等。

1. 加强战略规划顶层设计，引导新型企业智库高质量发展

新型企业智库是新质生产力发展的重要力量，肩负着积极引领科技产业发展、经济社会变革的重大责任，党与政府要高度关注和重视新型企业智库建设，在战略规划层面做好顶层设计，明确新型企业智库的发展目标、战略定位、主要任务和政策举措与组织保障等，引导企业智库更好服务经济社会高质量发展。目前国家层面《关于中央企业新型智库建设的意见》和全国多地国资企业智库建设相关意见的出台，标志着国资属性的企业智库发展方向已明确，然而一些新兴科技产业行业和龙头企业的企业智库，以及大量咨询公司（智库企业）、行业协会和互联网平台、媒体转型等形态存在的企业智库发展仍处于自发阶段，亟须

纳入我国新型智库体系整体发展规划中。

一是重点突出新型企业智库在中国特色新型智库体系建设中的地位和作用。中共中央办公厅和国务院办公厅于 2015 年 1 月印发的《关于中国特色新型智库建设指导意见》实施 10 年之后,当前亟须结合党的二十届三中全会精神和我国“十五五”经济社会发展规划制定,在全面总结我国新型智库建设经验基础上,进一步研究制定新一轮中国特色新型智库建设的意见和行动方案。为此,我们建议在研究出台新的智库建设指导意见中,重点突出新型企业智库在中国特色新型智库体系建设中的地位,明确其发展目标与主要任务,突出其在推进我国新质生产力发展、实现经济高质量发展和中国式现代化建设中的作用。

二是制定出台关于推进中国特色新型企业智库建设的实施意见或行动方案。根据当前我国改革开放发展新形势新要求,按照党的二十届三中全会精神,尤其是中国特色新型智库与央(国)企智库建设有关文件的精神要求,从推进新质生产力发展、建立现代化产业体系、建设世界一流企业等国家战略高度,专门制定针对新型企业智库建设发展的实施意见。建议由中央全面深化改革委员会牵头,中宣部、国家发展改革委、工信部、商务部、科技部、国务院国资委、财政部、民政部等部委联合研究制定。各省区市在此基础上,根据本地区发展实际,研究制定出台相关贯彻落实中央文件的实施意见或行动方案,将新型企业智库纳入我国整体智库建设与管理体系中。

三是引导新型企业智库致力于重大政策研究,实现我国企业智库均衡发展。与其他智库机构注重宏观政策领域研究比较,企业智库更多提供区域性、部门性、行业性、板块性问题政策与公共管理解决方案,对各级地方、各部门和各产业等中观问题有较为深入的洞察,它们在智库成果形态、数据智能分析技术、场景案例利用以及解决方案的针对性等方面都有其独到之处。为此，建议政府通过倡导或引入决策咨询平行论证模式，引导更多新型企业智库关注和致力于重大政策研究，鼓励和支持各种新型企业智库更好地为政府提供专业性咨询服务。决策咨询平行论证就是围绕同一核心议题提供咨询建议与意见，减少单一智库因研究偏差导致决策失误造成经济社会成本，提高决策的科学性，这客观上也为大中小、体制内外各类智库参与政府公共政策研究提供了机会。

2. 研究制定相关支持政策，鼓励企业设立和推进新型智库建设

目前我国新型企业智库发展相对滞后，其在国家治理体系中的地位作用仍较为薄弱，需要各级政府采取多管齐下的政策措施，鼓励和支持企业设立和发展新型智库。大型企业集团或龙头企业本身在所属行业具有重要地位，其技术、市场代表该行业发展方向，有一些科技企业战略发展部本身承担着企业技术研发与战略咨询功能，其所属智库的知识产品不仅能为自身发展提供智力支持，而且能在政府部门制定相关行业政策、促进所在行业及相关企业发展等方面发挥重要作用。还有大量咨询服务企业，参与政府发展规划、信息服务、智慧治理等。

一是支持企业内部设立智库专项研究经费，推动企业培育和扶持智库发展。企业以营利为目的，依托企业设立的智库机构或具有智库属性的部门，不仅服务企业，还肩负社会责任。但企业智库本身是企业发展的成本中心，其研究经费常受制于企业发展战略决策需求，为鼓励企业积极培育和扶持智库发展，政府可以借鉴研发费用加计扣除等优惠政策，支持企业内部设立专门的智库研究经费。

二是支持龙头企业出资组建“新型企业智库建设基金会”，保障可持续资金来源。新型企业智库不仅服务企业行业，更具有咨政建言、理论创新、社会服务、舆论引导和公共外交等重要社会功能，而且新型企

业智库以“未来研究”为重点，具备前瞻性、战略性、储备性，为保持研究独立性，必须有足够的资金保障，基金会是支持智库研究较为普遍的方式，国外企业出资捐助基金会用于智库研究等社会公益活动的，一般都可以享受税收优惠政策。为鼓励企业出资捐助基金会，政府对参与这些企业出资的经费可享受税前扣除或免税等政策优惠。

三是支持建立智库跨界协同网络，打通党政、企业、高校、数据公司、媒体等资源链。政府要积极营造一种开放、宽松、自由交流的社会氛围，加强政府、企业、智库、媒体、高校科研机构、社会组织等之间的沟通，形成多元化、多层次、多渠道的交流合作机制，畅通咨政渠道、促进知识成果的应用转化和传播。同时，政府要推动建立智库人才职称评定、晋升晋级的社会评价机制，并将之纳入我国统一的人才评价标准，鼓励人才跨部门跨区域流动，实现政企智库人才旋转门，促进智库资源的优化配置和高效利用。

3. 建立健全咨询服务市场，促进各类新型企业智库共同发展

咨询服务市场是我国社会主义市场体系的一个组成部分，其产品形态是知识服务，全国统一大市场建设也包括咨询服务市场，新型企业智库是咨询服务市场的主体。咨询服务市场要成为政府公共政策和商业决策的核心平台与基础设施，难点在于平衡好市场化竞争与公共利益导向，确保知识服务兼具经济价值和社会价值。我国咨询服务市场建设是一个系统工程，需在构建制度框架、培育市场主体、搭建交易平台、优化服务机制、强化监管与激励等方面持续发力，在全国统一大市场建设背景下，要解决区域不平衡及主体发育不足等难题。

一是建立咨询服务市场的制度规范。咨询服务市场是一个特殊的市场形态，其市场主体、交易价格及运行规则等都具有特殊性。建立健

全咨询服务市场，政府就要出台咨询服务市场的管理办法，建立符合其发展规律的制度框架及规范，明确作为知识服务提供者（包括企业智库）的法律地位、权责边界及服务标准，建立行业准入与退出机制（如资质认证、黑名单制度等），制定政策咨询、战略规划、风险评估等服务标准，监管方（政府、行业协会等）要定期修订行业标准。政府和企业等服务需求方应按公平、公开、公正的市场原则采购服务。

二是培育咨询服务市场主体发展。政府要引导企业智库深耕垂直领域、专业化发展，为体制内外企业智库创造同等机会，以“政策创新奖”等荣誉激励企业智库参与决策咨询服务。引入“第三方双盲评审＋用户反馈”等复合评价体系，实行全过程质量评估，确保研究质量。明确政府企业采购咨询服务规范性，规避利益冲突与风险防控，隔离敏感项目团队，建立保密审查机制，委托多家机构并行研究以交叉验证质量，以税收抵扣、纳入 ESG 考核指标等方式引导企事业单位采购咨询服务。

三是搭建咨询服务供需对接平台。管理部门通过加强市场监管与服务建立公平竞争的市场环境，实现需求发布、机构比选、成果备案全流程线上化交易，建立服务价格指导区间，按基础调研、深度分析等不同服务层级定价。借助平台突破政府单一采购市场限制，建立供需双方稳定畅通的沟通、联络、反馈机制和渠道，及时洞悉咨询需求和知识成果针对性。咨询供需对接平台可发展形成智力资源调配中心，赋予智库更多自主权，有利于形成一个组织形态多元、类别多样、共同发展的智库生态圈。

4. 汇智聚才连接资源，提升新型企业智库集群化作战能力

人才、资金、硬件设施、研究网络、知识信息等资源是智库的立身之本。智库的运行逻辑和内生动力就是汇聚丰富的资源，通过高效的治

理最大化发挥资源效益，最终形成高质量成果并对公共政策形成产生较强影响力。因此，新型企业智库建设的主要路径，就是要以文化引领、汇集智慧、凝聚人才、连接资源，生产一系列具有全球影响力的高质量思想产品或知识成果，引领我国科技产业企业发展走在世界前列。从我国发展全局来看，这就需要形成新型企业智库的集群化作战能力。

一是塑造优秀的新型企业智库文化。文化是智库的灵魂和精神基因，是智库长期发展积淀形成的组织软资产，包括使命感、核心价值观及其内部人文环境和制度构建等。我国新型企业智库在建设过程中，要植入独特的中国智库文化，使之成为中国特色新型智库亮丽的底色，这不仅有利于提高社会各界对新型企业智库的认知和辨识度，增强智库资源的吸引力与配置力，而且有助于在企业智库界内部形成认同感、归属感和凝聚力，为企业智库提供强大持续的发展动能。可由若干家新型头部企业智库牵头，联合相关行业企业智库，建立新型企业智库战略联盟，通过整体策划与宣传运作等手段，树立高质量、客观性和有影响力的企业智库核心价值文化品牌。

二是加强新型企业智库人才体系建设。人才是智库的核心要素，复合型、国际化、结构化的人才体系是新型企业智库建设的关键。具有国际视野、战略思维、管理卓越、德高望重的管理领袖，学养功底深厚、研究经验丰富的战略大师或战略科学家，这两类卓越的领军人才是新型企业智库的核心灵魂，一批理论基础扎实、富于创新精神、勇于担当作为、熟悉行业企业的决策咨询队伍是新型企业智库的中坚力量，德才兼备、精明能干的管理团队是新型智库发展的重要保证。通过建立社会化人才评价机制和实施多种激励手段，注重内部培养和外部引进并重，高端人才柔性引进与高校科研机构联合培育储备人才并举，建立完善中国式旋转门人才交流机制。

三是搭建国内外智力要素汇聚的开放平台。依托新型企业智库战略联盟或新型企业智库共同体以及各类社会服务组织机构等，通过举办论坛、座谈会、培训等开放式活动，加强智库与社会各界互动，促进信息交流与知识分享，加强思想对话和政策沟通，发挥新型企业智库集群化作战能力。当下社会经济发展复杂性已超越单一学科解决范畴，需搭建开放的以新型企业智库研究为主体的交流平台，连接国内外社会各界资源，以数据共享为抓手推动资源整合利用，汇聚全球高水平研究专家等智力要素，形成世界一流水平的知识交流平台，推动跨学科、多工具方法综合运用。

5. 利用技术赋能智库建设，提高新型企业智库话语权与影响力

智库源起于“智”、专精于“策”、成就于“用”，作为知识生产平台，新型企业智库要从“后勤参谋”转向“战略先导”，需要用独到洞察缩短认知差，用技术杠杆放大决策价值，用生态网络构建竞争“护城河”，将智库成果深度嵌入企业价值链条，使其成为战略创新的“原子反应堆”。为此，利用先进技术赋能智库建设，通过大数据、人工智能、5G 技术等前沿技术运用，提升数据处理能力、分析深度、决策支持效率和知识管理能力，不仅能提升研究的精准度与效率，而且在智库运作管理、成果呈现方式、产品传播覆盖等方面有明显提高。

一是建设数据管理平台，引入数据处理与分析工具。加强新技术装备等智能研究基础设施的投入，以信息化平台和大数据系统建设为抓手，科学高效地开展信息资源建设，有效整合利用特色数据资源，对多元特色数据资源进行深加工，使信息资源向知识成果转化，建成智库大数据基础管理平台和智库大数据中心，切实提高智库成果的实用性和时效性，辅助动态决策。创新研究方法和工具，通过机器学习、深度

学习算法预测行业趋势、政策影响或市场风险,持续提升研究工作效率和量化分析能力,挖掘不同类型数据资源之间的聚合关联。

二是研发与应用前沿技术把脉未来产业行业发展趋势。技术赋能的本质是“让数据说话,让决策有据”。企业结合自身行业特性,选择适配的技术工具,提升信息获取效率、趋势预测能力、跨领域关联分析能力,在复杂环境中快速捕捉技术变革信号、预判战略风险与机遇。因此,新型企业智库是未来技术驱动的智库,不仅是信息中心,更是洞察引擎,帮助企业行业在新一轮竞争中抢占认知高地。通过 AI 分析全球专利、学术论文和技术动态,识别技术突破点和竞争盲区。设立未来实验室,投入量子计算、脑机接口等“非共识技术”研究。开发“战略推演引擎”,部署 AI 辅助系统,模拟政策变化等,提高研究的科技化含量和精准度。

三是借助互联网技术,打造门户网站、微博与微信等全媒体平台。通过大数据与云计算等技术将知识成果电子化、云端化,而在传统媒体中更多以纸质呈现的部分也可通过搭建成果库、政策库、建议库等方式进行电子化归纳,以图片、文章、视频、课程等多种形式展示智库研究成果。人工智能、物联网等技术与 VR 技术一同融入智库产品的呈现,使知识成果表达变成一种动态体验。充分利用国际性新媒体大平台,尤其是运用微博、微信、脸书、推特、播客等渠道,打造融通中外的新概念、新范畴、新表达,引导国际议题设置、构筑国际话语体系和表达方式,研究成果传播的交互性大大增强,甚至伴随着娱乐性增强,真正实现提升影响力的效果。

6. 加强改革创新,构建新型企业智库的现代治理模式

根据全球现代智库发展规律,对标国内外顶级智库的治理结构,推进我国新型企业智库建设,必须构建适应其发展特色的治理模式,包括

组建一个现代智库的组织架构，建立一套符合智库发展要求的灵活、高效、开放的运行体制机制，制定一系列人才激励、知识生产、经费使用以及对外交流合作等现代智库管理制度。目前我国新型企业智库所依托的企业不同，其属性、结构、类型及研究领域等不同，其治理模式也会面临多元化选择，而且在人工智能等技术飞速发展的背景下，智库治理模式也会出现许多创新做法。

一是构建与创新组织架构，保证新型企业智库可持续发展。按照国内外智库建设的经验，一般都建立理事会、学术委员会（咨询委员会）、管理委员会三层级组织架构，并将其功能作用进一步理顺和规范化。理事会是智库发展方向的掌舵者，学术委员会（咨询委员会）是智库发展的“生态圈”，汇聚国内外重量级专家、学者和专家型政府官员、企业家，管理委员会为智库独立实体，全面统筹运营智库的发展与管理工作。对于大多数企业智库来说，特别是大型企业集团或龙头企业的智库，可通过建立稳定的组织构架来确保智库建设的顺利进行，而对一些咨询公司等独立形式的智库企业和科技企业、互联网平台、传媒企业类智库，则更需要通过创新组织结构方式，实行扁平化管理，发挥领军人物核心作用，搭建平台、形成网络、连接社会资源，把战略决策、执行推进和高效管理有效地结合起来。

二是采用现代科学的组织管理方式，促进新型企业智库高效运营。根据我们对成功企业智库的调研观察，新型企业智库可采取纵向集中与横向分散相结合的管理模式，开展网络式、矩阵式研究组织模式等，减少管理层级、权责分明，组织内成员自主权较大。同时，利用新技术平台、新决策机制提高智库的工作效率，如世界资源研究所，为管理全球 20 多个国家 500 多位工作人员庞大组织的高效运转，建立“WRI 合一”技术平台，涵盖办公处理软件 Office365、电话软件 Skype for

Business、软件 Salesforce 以及相关邮件营销工具、电子支付程序、数字化项目管理工具、知识产品质量控制活动的工作流程。如中国科学院为了加强智库的管理,探索科技、软科学、管理和情报四类专业深度融合,以任务引领矩阵式网络化研究。此外,人工智能工具使用可使企业智库管理更为直接简洁,乃至出现"一个人的团队"。

三是实施以人为本的激励机制,激发新型企业智库发展内动力。人才是智库的核心,新型企业智库更需要跨领域、跨国界、跨学科的国际化、复合型高端人才,建议借鉴科技研发机构的人才激励政策措施和有关做法,建立一套以智库人才为中心的经费使用、项目推进、评价考核、期权绩效奖励等内部激励制度,适应企业智库创新发展的需要。对于依托大企业集团建立的智库机构或部门,要减少或取消对智库专业人员的市场化数量考核指标,并实施适当倾斜的激励措施,鼓励他们安心智库研究。对咨询公司形式的智库企业,要实施以研究项目负责制为重点的扁平化管理方式与激励机制,将绩效考核与薪酬、奖金,以及职位晋升直接挂钩,并采取更灵活的考核周期和方式。

学术篇

一、央企智库数智化能力建设探索

作为中国特色新型智库的重要组成部分，部分中央企业智库已经发展成为服务党和国家重大战略、支撑引领行业产业发展、推动企业科学决策的重要力量。[①] 面对数字经济新形势，以及国家和企业要求更高的服务决策能力与水平，中央企业智库亟须提升数智化能力，完善运营机制，助力企业前沿思想、成果的聚合，内外优质研究资源的连接与合作，以及战略决策思想的创新生产，在企业把方向、管大局上贡献智慧。

（一）央企智库数智化能力建设的意义及目标

1. 央企智库的定位及数智化能力建设的必要性

国务院国资委印发的《关于中央企业新型智库建设的意见》将中央企业新型智库（简称“央企智库”）定位为，以战略问题和创新发展

① 《完善中国企业智库建设，服务中国式现代化——中国企业智库建设平行论坛召开》，《经济参考报》2022 年 11 月 11 日。

为主要研究对象,以服务党和政府及国资国企改革发展、行业产业、中央企业科学决策为宗旨的研究咨询机构。[①] 这一定位要求央企智库具备对宏观大局的洞察和研判能力、对产业趋势和科技创新方向的把握能力、对重大问题的分析和诊断能力,进而能够为治国理政、产业转型升级、建设世界一流企业建言献策。因此,央企智库既是企业的智囊,也是国家和行业的参谋,科学有效的决策支撑是央企智库建设的核心要点。

当前,无论是国家层面,还是企业层面,跨界、跨专业的问题越来越多,仅靠单一企业的知识体系、单一领域的专家,已无法实现科学诊断和决策,央企智库需要充分发挥多元信息和数据的整合、跨领域知识和思想的集成作用。利用云计算、大数据、类 ChatGPT 人工智能等数智化技术,赋能央企智库,既有助于智库形成常态化的情报搜集和跟踪机制,构建完善支撑科学决策的结构化、数字化、全球化的行业产业数据库、知识库、政策库等,实现数智化成果展示,提高决策效率,也有助于智库聚合沉淀跨域专家资源,强化合作创新与决策支撑能力,促进最大范围的知识共享和流通,进而产出更高质量、更具可行性的研究成果。数智化能力是数字化时代中央企业建设新型智库,并实现高效、可持续运营的有力保障。

2. 央企智库数智化能力现状及存在的问题

调研发现,目前大部分央企智库的数智化水平还处于初级阶段,知识管理普遍流于形式,难以支撑新型智库的建设要求,主要存在以下问题:一是缺少统一的整合智库内外部数据的管理平台,内部数据、资料、

① 国资委研究中心:《国务院国资委印发〈关于中央企业新型智库建设的意见〉》,https://mp.weixin.qq.com/s/9CNgCtg4oy3gaLDYZENkoA。

成果等分散在多个业务系统中(如 OA、项目管理、情报系统等),外部资料和数据则尚未建立持续的搜集与分享机制,导致研究人员无法实现知识资源的集中获取和使用;二是缺少对内外部专家资源的统一管理和标签化管理,难以实现领域专家的快速识别和调度;三是缺少协同研究支撑平台,团队内部协作、内外部专家合作沟通等主要通过微信类工具实现,难以做到协作过程的有效管控和知识资源的实时沉淀;四是很多研究成果依然分散在个人及小团队电脑中,阻碍研究成果的统一展示、借鉴参考和创新利用。

3. 央企智库数智化能力建设的内涵及目标

央企智库数智化建设是指借助新一代信息技术,构建面向决策支持和创新发展的统一研究支撑和思想生产平台,以"数字化平台+AI能力+知识服务"强化研究资源的聚合、沉淀、流转、协同、创造和再利用,驱动研究人员工作方式和生产效率的变革,进而提升央企智库的服务能力和业界影响力。

央企智库数智化能力建设的总体目标是以用户为中心,聚焦核心业务场景和需求,聚合与连接优质研究资源,提升智库研究效率与开放协同水平。具体包括:(1) 建立行业资料库、数据库与成果库,引入智能聚合、生成式人工智能(GAI)等智能化技术,提高知识的整合、展示与服务水平;(2) 建立合作资源库与联合研究支持中心,连接内外部专家、知名智库、研究团体等,具备广泛的研究协同支持能力;(3) 制定资源统筹制度、平台治理制度,引入安全共享交流技术等,确保平台可持续运营,实现智库数据资源在安全、合规、质量、价值等方面的有效管理。

(二)数字化平台的架构设计、功能规划与知识组织探索

根据央企智库数智化能力建设目标,数字化平台重点解决数据资源全面整合、知识创新协同、增强智库服务能力三大需求,强调利用数字技术提升信息和知识的自动化处理程度及可获得性,给智库研究工作提供数智化能力支撑平台,总体设计如图 9 所示。

1. 数字化平台主要功能解析

(1)基础层:主要实现智库数智化能力建设的云上部署,以及互联网开源数据、自有数据资源(包含原有业务系统中的数据)、第三方合作数据等多来源、多形态数据资源的全面汇聚和整合。

(2)数据中台:是央企智库数智化能力建设的核心层,为知识价值链[①]的全流程管理提供技术支撑,主要由五大功能构成。

一是数据采集,通过网络爬虫、数据接口等方式,与各类内外部数据源进行对接,实现对智库所需的各类数据的自动化、实时化、全面化的采集和接入。

二是数据整合,通过对采集到的各类数据进行清洗、转换、标准化、融合化处理,以确保数据资源的高质量和高可用性。

三是数据管理,对加工后的各类数据进行分类、目录化、标签化、元数据化等管理,实现数据资源的规范化、可视化、可查询性的有序管理和维护,构建成果库、资料库、数据库、合作库、专家库五大基

① 陶锐:《基于知识增值过程的企业知识价值链研究》,《科学决策》2009 年第 5 期。

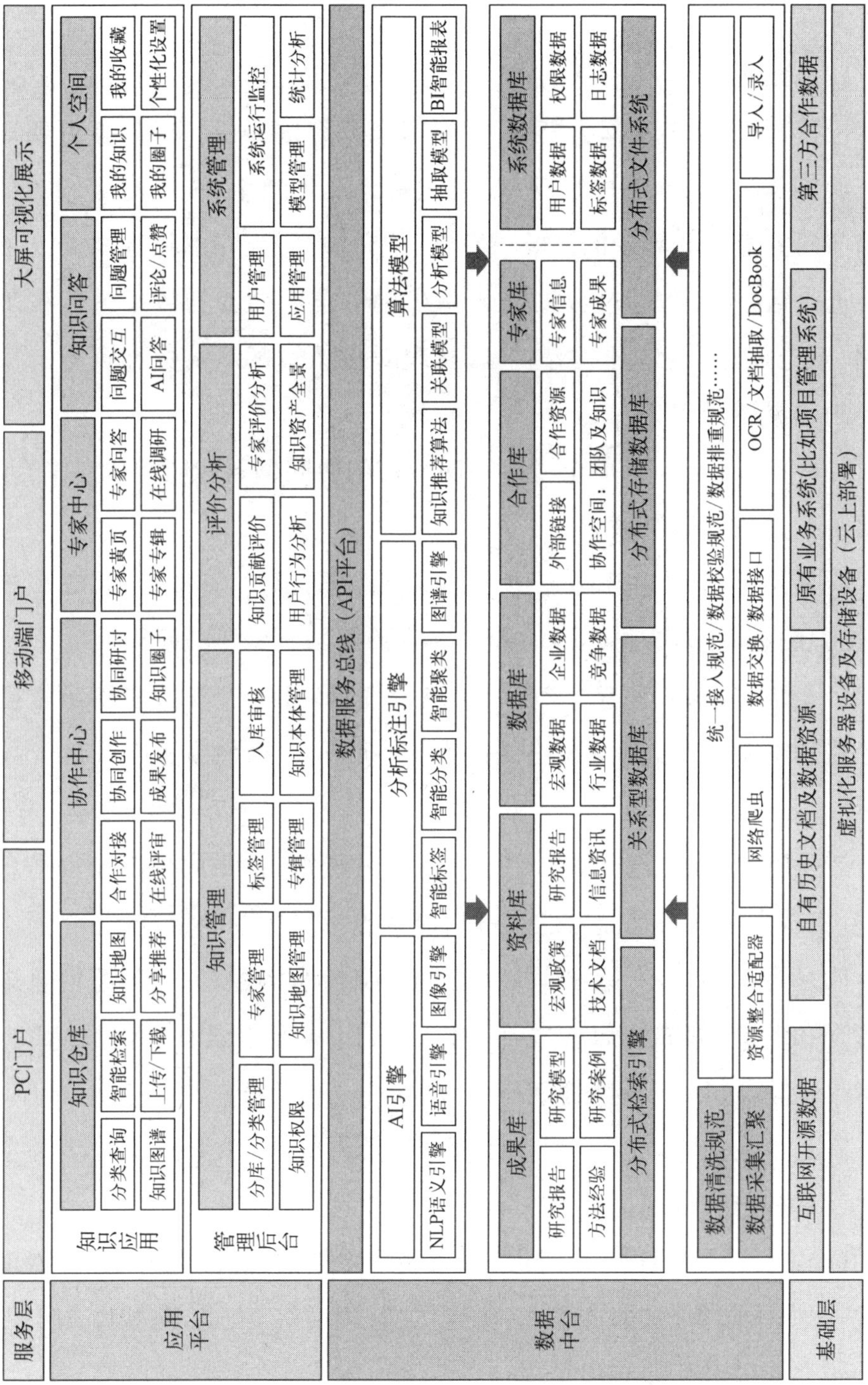

图 9　央企智库数智化能力建设总体设计

础资源库。

四是数据服务，利用AI引擎（如语义、图像解析）、分析标注引擎（如智能标签、智能聚类）、算法模型（如知识推荐算法、关联模型）等实现知识资源的深度挖掘、关联发现、场景化聚合及创新生成，以此确保知识供给与研究需求和场景的高效、精准匹配，提高研究效率和质量。

五是数据共享，通过数据服务总线对整合后的各类数据进行权限控制、安全保障、接口开放等共享，实现对央企智库所需数据资源的安全控制和灵活调用。

（3）应用平台：是央企智库知识生产的协同创新和应用传播平台，主要由五大功能模块组成。

一是知识仓库，基于数据中台，通过分类知识树、智能检索、知识地图、知识图谱等形式，将合适的知识内容传递给有需要的研究人员。

二是协作中心，具有文档库、权限管理等功能，且支持成果审核发布等流程的数字化，是课题协同研究、政策研讨、跨域专家合作的支撑工具。

三是专家中心，基于数据中台专家库的资源，提供内外部专家信息查询，实现专家在线交流、在线调研，以及更深层次的专家合作。

四是知识问答，支持智库专家之间的交流和沟通，并对问答信息进行管理和评价，形成知识合集，同时，也可以基于知识原子化及AIGC技术提供智能机器人问答服务。

五是个人空间，提供个人知识管理、个人收藏、个人圈子等多种个性化设置和内容呈现。

（4）服务层：通过PC门户、移动端门户及信息大屏等多媒体展现形式，面向不同角色（如决策人、研究员、管理员等）人员，对智库知识内容和研究成果进行差异化呈现。

2. 数字化平台知识组织模式创新探索

在天翼智库数智化能力建设实践中，研究团队尝试采用知识地图的方式来解决研究场景（课题）与知识资源的智能匹配问题，以此提高研究效率和知识利用率，较具成效。

知识地图是一种常见的知识聚合模式，通过将业务流程、工作场景等分解为多个环节，按节点聚合具有相同标签属性的数据、文档、成果、专家等各类资源，建立不同组织方式、不同存储方式的研究资源之间的动态联系。知识地图输出的内容包括知识来源、整合后的知识内容、知识流和知识汇聚，以直观的方式向用户展示知识概况、主题类别、关联关系等，其作用是协助研究人员发掘智力资产的价值、所有权、位置和使用方法，支撑智库研究工作的高效开展。知识地图建模通常由领域专家联合专业研究团队共同完成，需求导向、主题突出、重点牵引、动态易扩、方便获取是知识地图构建的五个原则。知识地图种类较多，场景类知识地图是智库研究工作中最常用的地图形态，建模示例如图 10 所示。

3. 数字化平台的风险判断

数字化平台能够有效解决央企智库目前面临的一些关键问题，比如信息和知识资源分散存放、决策支持效率低、跨域专家合作难、缺少协同支撑工具、成果发布渠道单一等。因此，对于中央企业建设新型智库具有非常重要的作用和价值，未来有可能成为央企智库核心竞争力的重要组成部分。① 但同时要注意到，一旦启用数字化平台，则需要将

① 李刚：《论新型智库及其核心能力建设》，《决策与信息》2023 年第 5 期。

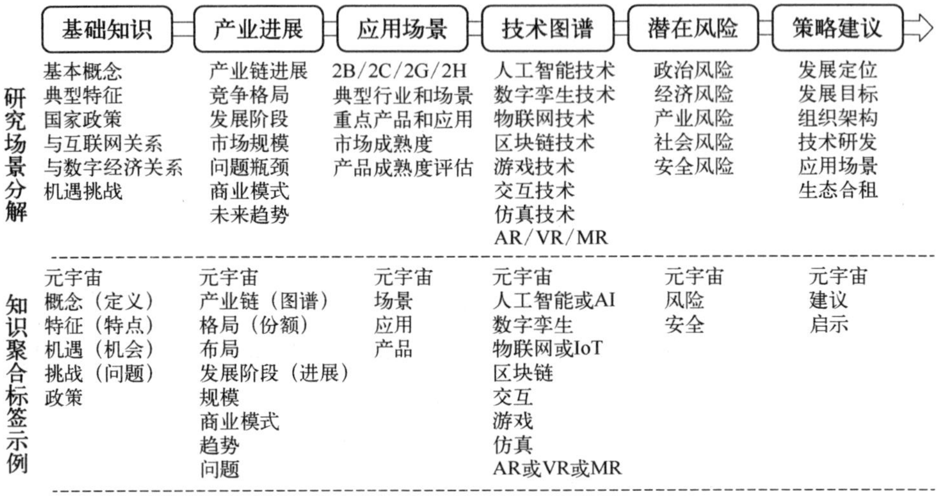

图 10　场景化知识地图建模示例——元宇宙研究

智库的高端成果及核心经验知识上传到平台并实现共享，这可能使企业知识资产存在对外泄露等安全风险。对此，智库管理团队需要制定严格的信息安全管理机制，评估各类数据和信息的保密级别，加强接入数字化平台的人员和设备认证及权限管理。比如智库数字化平台仅允许在公司内网访问，对系统内知识进行严格的分级管理和访问权限控制等。①

（三）引入 AI 能力，赋能央企智库的场景及模式探索

类 ChatGPT 大模型技术的持续突破，为各行业提供了丰富的内容创新和价值提升的可能性。类 ChatGPT 人工智能技术在智能问答、内

① 何政军：《大型企业集团知识管理体系的构建方法与实践经验》，《企业改革与管理》2021 年第 24 期。

容创作、信息抽取、数据分析等方面的能力与智库研究和咨询工作有巨大融合空间,将革新智库决策支持的方法和模式。①

1. 类 ChatGPT 技术与智库融合的典型场景

引入类 ChatGPT 技术所带来的智库创新场景主要体现在以下九个方面:

(1) 知识获取:传统方式的知识获取,智库专家根据需求自上而下地获取知识,而通过智能知识挖掘,可以利用数据自下而上,从数据里面去挖掘知识、抽取知识,给专家更好的支持。目前智库本身有大量成果报告等高质量的用户生成内容(UGC)及知识图谱,为 AI 自动准确挖掘和生成知识提供了高质量数据源。

(2) 辅助研究:接入文本生成、图像生成、视频生成等 AI 能力,对知识内容进行自动或协同创作、优化、补充等操作,提高知识的质量和丰富度。另外,类 GPT 大模型插件的接入会大大缩短研究报告创作的时间,主要体现在数据或者素材的提供方面,有了 GPT+联网的能力,可以大幅提升效率。

(3) 智能搜索:利用语义搜索、问答系统、推荐系统等 AI 技术,对用户的查询进行智能理解和匹配,提供精准、相关、个性化的知识结果。目前微软的新必应搜索和问答能返回比传统搜索更精准的结果并且附带资料链接。

(4) 知识问答及推送:利用 ChatGPT 的对话能力,提高知识内容的交互性和个性化,同时根据用户的输入和反馈不断学习和优化,根据用户的个性化需求和兴趣来生成和推荐文本等。

① 张智雄、于改红、刘熠等:《ChatGPT 对文献情报工作的影响》,《数据分析与知识发现》2023 年第 3 期。

(5) 成果审核：引入标签、识别模型等 AI 能力来辅助成果审核人员的工作，提升成果审核的效率及准确度。

(6) 分析和解释数据：通过学习数据集和模型，类 ChatGPT 技术可以用于生成数据可视化，提供数据洞察、解释模型结果等，帮助用户理解和利用数据。

(7) 知识标引：利用 AI 技术，对知识内容进行自动标注、分类、聚类等操作，提高知识的可检索性和可复用性。

(8) 论文阅读：提供文章或文档摘要、论文写作助手、论文阅读平台等，也可以生成论文摘要和提取、论文评价和反馈等。

(9) 智能翻译：类 ChatGPT 技术可以实现多语言之间的智能翻译，①效果超越一般翻译软件，可以用来翻译处理智库知识库的外语资料。

综上，类 ChatGPT 技术与智库研究工作场景的融合度较高，对提高研究人员的工作效率和决策支撑的质量有很大帮助。随着技术进步，未来还会出现更多的创新应用场景。

2. 类 ChatGPT 技术在智库落地的模式探索

目前类 ChatGPT 大模型产业落地主要有三种模式：一是调用大模型 API；二是部署经过微调的领域模型，即垂直行业模型；三是基于模型公开架构自研，三种模式各有优劣。

(1) 直接调用大模型 API：可以直接利用成熟类 ChatGPT 大模型的能力，启动成本低，缺点是差异化及控制范围受到一定限制。2023 年 3 月，OpenAI 开放 ChatGPT API(基于 GPT－3.5－turbo 模型)，并

① 张慧、佟彤、叶鹰：《AI 2.0 时代智慧图书馆的 GPT 技术驱动创新》，《图书馆杂志》2023 年第 5 期。

大幅调低了调用价格，进一步降低了企业将 ChatGPT 集成到自有应用和服务的门槛，国内大模型厂商预计会跟随。

（2）部署领域模型：通过精调，可以让大模型更好地符合特定行业及场景需求，缺点是目前商业模式不够明晰。目前国内外大模型巨头及行业龙头企业都有联合探索内容资源管理垂直行业模型落地的案例。例如，百度联合人民网发布“人民网-百度·文心”行业大模型。摩根士丹利从 2023 年开始探索应用 GPT 利用其智力资源，GPT-4 能对该公司数十万页的知识和分析报告（涵盖投资策略、市场研究和评论以及分析师见解）进行快速地检索和综合，为内部员工提供一个智能的聊天机器人，帮助他们找到相关的信息。另外，该公司研究部门使用了 GPT-3 来生成金融报告的摘要，通过对 GPT-3 进行微调，使其能够理解金融术语和数据，并根据给定的标题或关键词生成简洁的报告摘要，以节省分析师的时间和精力，提高报告质量和效率。该公司数据与创新主管杰夫·麦克米兰（Jeff McMillan）认为 OpenAI 可能是迄今为止赋予摩根士丹利人类建议和技术结合能力的最好例子。①

（3）基于模型公开架构进行自研：可以定制或优化模型、数据和参数，可能更符合特定行业及企业的需求，缺点是需要较多资金和技术投入，公开架构技术性能可能不如 ChatGPT。美国市场情报公司 AlphaSense 是将自研 AIGC 技术赋能情报搜索及服务的成功案例。AlphaSense 的 AI 技术由自有团队历经 10 多年的时间研发完善，利用机器学习和自然语言处理，使专业人士能够轻松从数千个来源和数十亿个数据点中提取见解。2023 年 4 月，谷歌母公司 Alphabet 旗下投资公司 CapitalG 宣布，向 AI 市场情报公司 AlphaSense 投资 1 亿美元。

---

① 孙铭蔚：《首席策略师随时待命！摩根士丹利们接入 GPT-4：能干什么，效果如何》，澎湃新闻，https://www.thepaper.cn/newsDetail_forward_22311305。

CapitalG 表示，AlphaSense 聚合了超过 1 万个数据源，通过分析数据编制索引信息，联动人工智能，可以提供更准确、更个性化的搜索结果。

对于央企智库而言，普遍都建立了包含大量资料数据和研究成果的知识库，需要研究如何利用已有的知识库将 ChatGPT 能力适配到智库研究领域。同时需要研究利用与用户的对话历史记录等个性化数据，来训练个性化的 ChatGPT 模型。综合考虑实际情况及三种模式的适应性，央企智库部署经过微调的垂直行业模型是相对比较合理的模式。

3. 类 ChatGPT 技术应用于智库可能存在的风险

以 ChatGPT 为代表的生成式人工智能所展现出的强大“类人性表达”能力使科研活动中的知识获取途径从检索式向生成式转变，AI 将分担越来越多的人类认知工作，导致科研活动中人类智力参与程度的降低。而人类参与程度的减少将引起两方面的潜在风险：一是研究者失察所引起的信息质量风险，即 AI 所生成的内容具有事实性错误或者存在违反人类价值之处；二是研究者使用 AI 生成物所引起的欺诈舞弊风险，即研究者在论文撰写中使用 AI 生成物，将 AI 作品视为自己的作品。①

目前，类 ChatGPT 人工智能技术的潜在风险已经引起国家监管部门的注意，并出台了相关政策强化治理。比如，国家网信办于 2023 年 4 月发布《生成式人工智能服务管理办法(征求意见稿)》，②明确了生成式 AI 应用服务提供者、技术支持者和服务使用者等各方的责任，指出了

---

① 游俊哲：《ChatGPT 类生成式人工智能在科研场景中的应用风险与控制措施》，《情报理论与实践》2023 年第 6 期。

② 《生成式人工智能服务管理办法(征求意见稿)》，《中国信息化》2023 年第 5 期。

生成内容和训练数据必须符合伦理及合规要求。央企智库作为生成式AI的使用方有必要基于国家政策法规进一步细化相关措施以规避风险，比如加强对AI生成内容的审核和验证，另外还需要注意智库信息安全与隐私问题以及知识版权问题。

（四）央企智库数智化能力建设及持续运营关键要素

智库数智化能力平台需要通过流程机制来保障内容资源的循环生产、沉淀、聚合、共享和使用。强有力的组织及资源保障、融合业务场景，以及建立高效的运营机制、反馈改进机制和资源治理机制，是智库数智化能力平台可持续发展，最大化支撑央企智库决策的关键要素。

1. 设立领导小组＋实施团队，提供强有力的组织和资源保障

智库能力平台执行组织是智库能力建设及可持续运营的基础保障之一。智库体系执行组织由运营领导小组和运营团队两部分构成。

（1）运营领导小组：须由智库高层挂帅，亲自担任领导小组组长角色，所有部门领导均为该领导小组的成员，领导小组的职责是牵头制定智库数智化能力建设目标，协调各方资源和工作。

（2）运营实施团队：是智库能力平台运营的核心团队，主要职责是负责组织和推进智库体系的管理制度、流程及规范的设计和执行，负责智库体系的内容资源规划、知识管理文化宣传和推广工作，并组织开展内外部知识交流活动，另外，还需负责智库数智化能力平台的建设与维护。

以越秀地产集团知识管理体系项目为例,其较好成效离不开领导层的高度重视,知识管理体系项目作为当年必须打赢的仗,给予全方位支持,同时,组织成立专门的建设和运营团队,综合办牵头+各部门副总和知识管理员参与+IT 部门支撑协同推进。美国 Omdia 公司近年也加大了内容运营的投入,2020 年成立了超 100 人的运营团队,负责公司内容资源运营及一手数据调研等工作。

2. 与业务融合,构建情景化智库知识管理体系

智库数智化能力平台需要与智库研究主要业务紧密结合,将研究流程固化到平台上,才能持续地沉淀和积累更多的智力知识和经验,更好地发挥作用。例如,对于智库内部基础内容资源的归集,可以通过将企业组织内的业务流程、管理流程固化到智库数字化平台,从而与知识沉淀、知识共享过程捆绑,具体做法示例如下:

• 对于成果类资源归集,可以将成果发布审核流程固化到平台,审核完成,成果即沉淀,Gartner 公司和 Omdia 公司对外发布的报告就必须在系统内完成审核。

• 对于外购资料归集,可以在资料报销流程中加入分享培训资料节点,腾讯就有此类要求。

（作者：中国电信股份有限公司研究院　申红梅　方义松　漆晨曦　孙丽娟,本文在《央企智库数智化能力建设探索》〈刊登在《智库理论与实践》2024 年第 3 期〉一文的基础上修改完成。）

二、央企智库的交叉优势及其形成机理

（一）引　　言

1. 研究背景

中央企业在我国经济社会发展中占据重要地位，央企创办的智库为促进我国经济高质量发展提供了强有力支持，必将成为企业智库中的骨干和主力。由于相当一部分央企为所在行业的"头部企业"或脱胎于原行业管理部门，央企智库具备成为融合政府、企业、民众三者间"三通"连接器的条件。[①] 央企智库不仅立足自身业务，为管理层提供决策和运营支持，而且能够为政府制定行业发展政策提供有针对性的咨询建议。[②] 2023 年 5 月，国务院国资委印发《关于中央企业新型智库建设

---

① 陈彬、李尧、赵航：《央企智库建设探索与实践：三层次智库建设初探》，《智库理论与实践》2018 年第 2 期。

② 徐东：《推进大型国企智库建设探讨》，《国际石油经济》2016 年第 1 期。

的意见》中进一步强调了央企智库“支撑企业、引领行业、服务国家、面向全球”的定位，以及在“咨政建言、理论创新、舆论引导、社会服务、国际合作”方面所发挥的多元作用。[①] 央企智库迎来了发展新机遇，正处于快速发展阶段。

2. 问题的提出

央企智库中不乏历久弥新、崭露头角的成功范例。中国石油集团经济技术研究院成功入列首批国家高端智库建设试点单位，国网能源研究院入选 2017 年中国智库索引来源智库。这两家央企智库的突出表现，可归因为其在专业影响力、话语权和内外部资源方面的历史积累和经验较为丰富。[②] 而以中国海油集团能源经济研究院、三峡集团战略与发展研究中心等为代表的新组建央企智库，也在其运营实践中展现出一些独特发展优势。对不同央企智库的差异化优势及其形成机理进行深入剖析，有助于对智库间交流合作提出有参考价值的建议。

3. 研究综述

本文理论上主要借鉴发展经济学中后发优势理论的基本逻辑，实证研究以国内两家典型能源行业央企智库对比分析为基础，综合形成主要观点和结论。

俄罗斯裔历史学家格申克龙(Gerchenkron)最早提出“后发优势”(advantage of backwardness)的概念，主要用来解释后发国家实现

① 《国务院国资委印发〈关于加强中央企业新型智库建设的意见〉》，https://www.163.com/dy/article/1609HN4305D17Q.html。

② 任媛媛、宋志平：《国际比较视野下的中国智库评价》，《党政论坛》2022 年第 6 期。

工业化的速度与发达国家早期工业化的速度相比会越来越快。[①] 后发优势理论的基本逻辑是，[②]当后发国家启动工业化进程时，可以直接利用发达国家已经发展起来的成熟技术、知识和商业模式，不必一切从零开始，从而节省大量研发成本和试错成本，实现更快的增长。在后发国家可以学到的知识中，也包括一些制度和管理的知识，也是先发国家在漫长发展中通过各种成功和失败所积累起来的经验或教训。[③] 后发优势作用的发挥，核心在于"知识溢入"，即后发国家能够迅速和低成本学习到大量知识和创新能力，以直接提升后发国家的知识存量和要素结构。要实现这种"知识溢入"带来的正向效应，需要后发国家具备内外部两方面条件：一是要抱有外向和开放的态度；二是要具有较高的学习创新能力和变革的韧性。[④]

在产业经济学中，市场进入次序能带来怎样的竞争优势是产业及企业层面借鉴后发优势理论基本逻辑框架的一个重要论题。早期研究多围绕先发优势展开，例如，罗宾森（Robinson）和福奈尔（Fornell）最早提出"先驱优势"（pioneer advantage）。之后学界又提出了进入次序优势（order－of－entry advantage）、先动优势（first－mover advantage）、早动优势（early－mover advantage）等理论。[⑤] 当时学界普遍认为企业越早进入市场，优势越大。但在关注先发优势的同时，学界也在关注后发优势。如利伯曼（Lieberman）和蒙哥马利（Montgomery）最早提

① Gerschenkrron A. *Economics Backwardness in Historical Perspectives*. Cambridge MA：The Belknap Press of Harvard University Press，1962：29.

② 宋玉坤、宋海云、冯昕欣：《企业智库发展面临的挑战及策略建议》，《中国电力企业管理》2023 年第 4 期。

③ 樊纲：《比较优势与后发优势》，《管理世界》2023 年第 2 期。

④ 左大培、杨春学：《经济增长理论模型的内生化历程》，中国经济出版社 2007 年版，第 97 页。

⑤ 郭熙保、胡汉昌：《后发优势研究述评》，《山东社会科学》2002 年第 3 期。

出先动优势理论，同时，他们不否认后发优势，指出后发优势存在于三个方面：一是后发者可以在产品和工艺研发、顾客教育、员工培训等方面比先行者更能节省大量资源；二是后发者可以从先行者的错误中吸取教训；三是由于沉没成本的存在，先行者往往不愿意进行改革，从而在与后发者的竞争中处于劣势。从上述三点可以看出，利伯曼和蒙哥马利对后发优势的分析与格申克龙的分析有诸多相通之处，后发优势理论具有“一般理论”的特性，不仅可用来解释后发国家工业化“赶超”问题，也可参考用以解释企业的先行与后发间的“赶超”问题。[①]

交叉优势的概念最早来源于体育领域。研究发现，在网球等运动中，人的肢体虽然是左右对称的，但在功能上却有优势和非优势之分。体育术语一般称为“偏利”，是指一个人对右侧或左侧的倾向性。“优势眼”和“优势手”的协调配合便称作“交叉优势”。[②] 而交叉的实践在科学领域例子更为广泛，学科交叉通常有利于解决重大理论和现实问题，例如，金融工程兴起于20世纪90年代初，是综合运用数学、统计学和计算机编程技术来解决金融问题的崭新领域，其研究成果对解决金融领域的系统性问题很有帮助，冷战结束以来，美国金融行业能从两次金融危机中快速恢复，金融工程相关成果功不可没。从上述示例可以看出，与后发优势类似，交叉优势也存在一定“一般理论”特性。在针对企业创新的研究中，有一个重要的“互补性资产”(complementary assets)概念，蒂斯(Teece)指出，创新的商业化需要创新的专业知识与其他能力或资产一并使用，服务和售后支持等就是互补性资产。缺少互补性资

① 刘易斯：《经济增长理论》，机械工业出版社2015年版，第75页。
② 周东：《浅谈网球中的交叉优势》，《山东体育科技》2011年第3期。

产，创新难以取得商业上的成果。[①] “互补性资产”事实上为先行者和后发者提供了合作的理论基础，即双方可以通过“互补性资产”的分享实现交叉优势，让创新成果商业价值最大化。

不同类别智库间融合协同发展，需参考智库评价研究中对融合协同的渠道和路径，以构建新的分析框架。[②] 美国的现代智库起步较早，开展智库评价的时间也较早。其中，迄今为止仍较为权威且具有公信力的是美国宾夕法尼亚大学“智库和公民社会项目”（Think Tanks and Civil Societies Program，TTCSP）发布的《全球智库报告》。[③] 在中国首创开展智库评价研究的是上海社会科学院智库研究中心发布的年度报告《中国智库报告：影响力排名与政策建议》，该中心在2018年又发布了《全球智库发展报告》。南京大学中国智库研究与评价中心联合光明日报智库研究与发布中心发布中国智库索引（CTTI）智库报告（2020），构建了CTTI系统和PRPAI（中国智库综合评价AMI指标体系）智库测评指标体系，为后续开展智库评价工作提供了平台基础。中国社会科学评价研究院发布的《中国智库AMI综合评价研究报告（2021）》中所构建的AMI指标体系，将智库评价指标概括为吸引力（A）、管理力（M）、影响力（I）三个方面，[④]代表了目前智库评价的主流方向。本文参照AMI评价框架，分别梳理AMI形成的关键要素，作为后续研究的基础。

① 薛红志、张玉利：《突破性创新、互补性资产与企业间合作的整合研究》，《中国工业经济》2006年第8期。

② 王科、桑学成：《中国特色新型智库建设的现实困境与路径构建》，《学海》2021年第3期。

③ 徐晓虎：《智库研究的热点难点和待探索领域：基于2012—2016年代表性文献的分析》，《学术论坛》2017年第2期。

④ 荆林波：《中国智库AMI综合评价研究报告（2021）》，中国社会科学出版社2022年版，第11页。

(二) 央企智库建设现状与差异化优势分析

1. 不同发展阶段央企智库的界定

《中国智库 AMI 综合评价研究报告(2021)》根据中国智库发展历程,将存续 30 年作为智库全生命周期一个关键的分界点,定义存续 30 年以上的智库为“老牌智库”。本文借鉴后发优势理论进一步拓展这一概念,将央企智库分为“先行央企智库”和“后发央企智库”。

本文定义“先行央企智库”为 1991 年之前成立的,从国家原部委、央企已有研究单位重组而来,尽管历经多次机构变革和更名,但主要职能和核心业务保持不变,现由央企管控的智库性质机构。例如,中国石油勘探开发研究院起源于 1958 年成立的原石油工业部石油勘探开发科学研究院,先后更名为中国石油天然气总公司石油勘探开发科学研究院、中国石油勘探开发研究院,成为央企下属独立公司,其发展愿景为中石油全球上游业务“一个智库三个中心”,符合本文关于“先行央企智库”的定义。又如,中核战略规划研究总院由原核工业部、中国核工业总公司下属的中国核科技信息与经济研究院等单位整合组建而成,现为中国核工业集团有限公司下属独立公司,职能定位为集团公司智库与核行业智库,尽管成立于 2019 年,但其前身单位均有 50 年以上历史,核心业务与其前身单位有着清晰的历史沿革脉络,总体上没有大的变化,因此也在“先行央企智库”范畴内。

本文定义“后发央企智库”为 1991 年之后成立的,由央企全新组建的智库。例如,华润宏观经济与政策研究院(华润 5M 研究院)是由华润集团于 2019 年全新组建的下属公司,无任何历史沿革,是典型的

"后发央企智库"。还有一类"后发央企智库"是指 1991 年之后重组成立的,尽管由央企已有部门或单位重组而来,但其职能定位、核心业务与重组前的单位相比发生了较大变化。例如,中国海油集团能源经济研究院,尽管由原中海油研究总院规划院、咨询中心重组而来,但能源经济研究院的职能定位不是原研究总院规划院和咨询中心职能的简单加总,其核心业务有较大幅度调整,因此,应归入"后发央企智库"范畴。

2. 央企智库的差异化优势分析

(1) 智库优势形成的关键要素

央企智库由中央企业创办,最根本的优势体现在母公司对其资源保障的能力,以及专业建设、人才和市场等方面的投入水平。因此,本文应用"投入—产出"分析框架,梳理出形成智库优势的关键投入要素,从而对央企智库如何"生产"出具有核心竞争力的智力产品提出建议。经济学意义上的"生产"不仅限于物质产品的生产,还包含其他各类经济活动,例如,智库通过提供智力产品来支持决策的服务性活动。[①] 经济学中应用生产函数来表示生产过程中投入与产出之间的关系,同时体现生产技术的制约。生产函数的一般表示形式为

$$Q = f(L, K, N, E) \tag{1}$$

公式(1)中,L、K、N、E 分别代表投入的劳动、资本、土地、企业家才能。2020 年,《中共中央 国务院关于构建更加完善的要素市场化配置体制机制的意见》将生产要素分为土地、劳动力、资本、技术、数据类,

① 王宁:《基于投入—产出视角的高校智库满意度评价研究:来自 72 份安徽省高校智库的问卷调查》,《智库理论与实践》2020 年第 4 期。

与生产函数公式相比，主要的变化是纳入了数据要素。

魏建国[①]表示，如果说智库是生产思想产品的工厂的话，那么目前中国缺少高质量的思想产品，人才是一个方面的因素，但更关键的因素是战略性、专业性的体制机制创新，以及对前沿技术、关键情报信息的前瞻性思考。相较于物质产品生产，央企智库在提供智力产品和咨政服务过程中，土地、资本要素投入不是最关键的，一般认为，人才(掌握相应战略思维、研究经验和分析方法的研究人员)、技术(与智库业务相关的前沿技术)、信息(与政策支持相关的信息情报资源和分析方法工具)是三种关键的投入要素。智库自身的管理运营能力(M)也应被视为一种特殊的投入要素，体制机制创新对智库竞争力提升往往发挥“乘数效应”。此外，智库间在开放条件下进行互动与分享，才能更好地激发潜能、提升效能。一般认为，“信息越交流越有价值、思想越分享越能提升”，因此，分享意愿(s)是人才(H)、管理(M)、技术(T)、信息(I)四个要素的一项重要外部系数。各要素间内在逻辑及智库优势转化过程(AP)表示如下：

$$\mathrm{AP}=[M*f(H,T,I)]^{s} \tag{2}$$

本文构建 HMTIs 智库要素投入分析框架，从“投入—产出”全流程与智库评价 AMI 框架相结合形成闭环，其完整逻辑如图 11 所示。

(2) 先行优势与后发优势对比

本文选取中国石油集团经济技术研究院(以下简称 A 智库，“先行央企智库”)和中国海油集团能源经济研究院(以下简称 B 智库，“后发央企智库”)两家典型能源行业央企智库在 HTMIs 的框架下作对比分

① 魏建国：《加强中国特色新型智库建设》，https：//baijiahao.baidu.com/s?id=1766185440668677965&wfr=spider&for=pc。

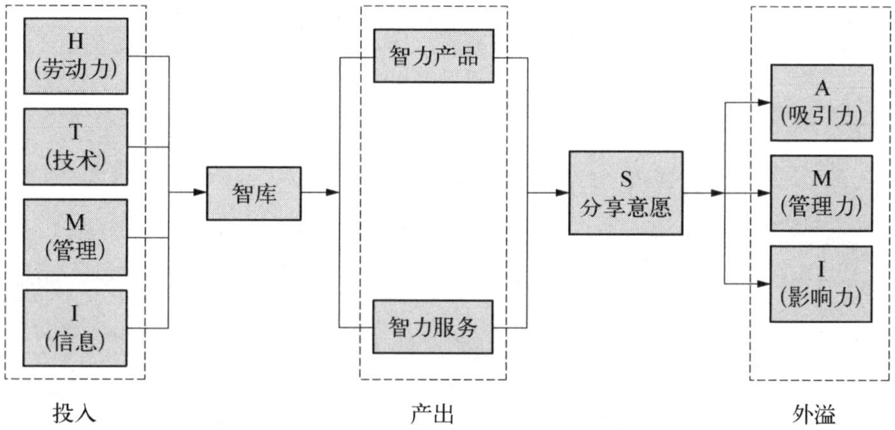

图 11　智库 HTMIs 要素分析框架逻辑示意图

析。选取这两家智库作对比,主要基于以下两点考虑:一是两家央企智库的母公司处于同一行业,且两家央企在行业内均实力雄厚,各自有其差异化优势;二是两家央企智库成立时间差距较大。中国石油集团经济技术研究院的前身是成立于 1964 年的石油工业部科技情报研究所,2015 年入选首批 25 家国家高端智库建设试点单位,是典型的“先行央企智库”。中国海油集团能源经济研究院成立于 2020 年 12 月,是中国海油全新成立的二级单位,成立至今仅 4 年多时间,是典型的“后发央企智库”。

人才(H):智库是典型的知识密集型机构,人才是智库的“第一资源”。A 智库经过 60 多年发展,在能源地缘政治等特色研究领域培养了一大批权威专家,在业内具有较强影响力。同时建立了人才引进、校园招聘、联合培养等多层次的人才培养模式,通过结构合理的“老带新”梯队形成“滚雪球”人才优势。而 B 智库在创立之初即结合公司治理实际,高起点培育特色企业文化,创新性地打造以“求真(truth)、担当(responsibility)、创新(unique — thinking)、专业(specialized)、协作(team work)”(简称“TRUST”文化)为理念的海油智库价值观,打造智库特色创业文化,有效激励员工“担当作为”与“干事创业”,并以全新面貌有效吸引高端人才加入。

技术(T):A智库历经60余年的专业建设,学科体系涵盖五大研究领域、32个专业,以及50多个研究方向,在能源软科学领域已实现“不重不漏”。在能源战略与能源安全、“一带一路”能源合作等议题方面已建立高端研究平台,在上述领域拥有较高的影响力和话语权。B智库因起步较晚,组建之初选择以打牢基础作为切入点,高度重视基础研究,发布《中国海油集团能源经济研究院“十大基础性课题”研究管理指引》,成立由各领域带头人组成的基础课题专家委员会,由青年研究人员挂帅担任项目经理,以基础研究为抓手探索构建具有海油特色的研究范式和方法论体系,初步锤炼形成有梯队的研究队伍。

管理(M):A智库经过多年运行实践,已经多次变革调整,发展出一套适合自身的运营管理模式和组织架构体系,同时与时俱进地持续改进管理模式,创新发展出“三位一体”新型治理体系。而B智库则在组建之初即创新性地选择了“小机关、少层级、扁平化、矩阵式”的组织架构,4个职能部门承担了全部运营管理职能,管理人员占比严格控制在20%以内,且要求管理人员和研究咨询人员必须能够随时根据工作需要切换岗位,且由于B智库无历史包袱,其运营管理相对“轻量化”。

信息(I):A智库沿袭原石油工业部科技情报研究所时期积累的大量信息数据,亲历了石油工业发展变革的全过程,对行业具有历史维度的深层次认知,这种优势是B智库难以复制的。而B智库本着“做面包不必从种小麦开始”的宗旨,通过外购数据资源,快速拉近与其他能源智库在数据资源方面的差距,创新性地建立信息与实验研究平台,实现智力资源利用效率最大化。

(3) 后发优势的转化与形成

基于上述对比分析，对先行与后发央企智库各自差异化优势归纳如下：

人才(H)：先行智库经验纯熟、梯队成形，经过多年积累，已培养一批在各专业领域具有话语权、影响力的领军专家，形成系统性的智库人才职业生涯规划和培训工作体系，形成结构合理的人才梯队，具备了智库可持续发展的人才基础。后发智库高起点优增量、创业文化持久。在精准用人、高层次优秀成品人才引进方面，成长型央企智库有更大的优化空间，体现其“高起点”。以创业为特征的企业文化是长期发展的重要驱动力。不甘落后是创业文化的核心特质，也是在干事创业中激励员工实现快速成长的关键性制度设计。后发央企智库在初创期天然地为快速发展注入创业文化“基因”，继而更有效地通过人才激励打造一流团队，提高整体竞争力。

技术(T)：先行智库理论扎实、体系完备。针对管理和决策开展软科学研究，很重要的理念是将“软科学做硬”，也就是科学哲学中关于将软科学研究积累固化为“范式”的概念。先行央企智库在成长历程中见证了中国软科学事业发展的同时，已经在软科学领域的理论研究方面独树一帜，各专业领域的“标杆性”研究范式及方法论体系大多来自先行央企智库的早期探索，从而形成在各学科领域的先发技术优势和先导性话语权。而后发智库立足前沿技术、超前构建研究范式。旧的研究范式有时难以适应日益复杂的外部环境，或者会导致结论的偏差。前沿技术变革也会深刻改变传统的研究范式，洪永淼等指出，以 ChatGPT 为代表的人工智能工具既改变了经济主体行为，也改变了经济学研究范式。[①] 后

① 洪永淼、汪寿阳：《人工智能新近发展及其对经济学研究范式的影响》，《中国科学院院刊》2023 年第 3 期。

发央企智库在研究范式构建方面可充分体现其超前性,能更好地适应外部环境变化。先行央企智库大多聚焦某一细分领域追求专和精,而表现出系统性上的不足。后发央企智库在组建之初即遵循系统思维构建研究体系,这也成为其形成独特后发优势的重要方面。

管理(M):央企智库机构稳定、运行有序,经过长期发展演变,已经形成一套适合自身的管理模式和组织机构体系,且相对固定,可以长期保持基本稳定。此外,先行央企智库可以从较长的历史维度中充分地总结运营管理中的经验并吸取教训,从而更容易做出符合实际的管理决策。后发央企智库往往在组建之初选择轻量化的组织、开放式的管理,先天拥有"船小好调头"的权变优势。[①] 在基层基础管理和基本功训练方面,由于成长型央企智库更具有开放管理的意愿,加强对外交流学习有利于超前应用新标准、新规范、新工具、新思维等以优化管理活动,同时有助于减少研究人员无谓耗费在管理链条上的时间精力,有效提升运行质效、降低管理成本。

信息(I):先行央企智库在发展为智库之前已经完成了信息情报资源的先期积累,信息来源渠道固定、资源有效。许多企业经历了原国家行业部门转制为行政性总公司,又转制为先行央企智库,经历了所在行业发展变革全过程,对行业具有历史维度的深层次认知,形成难以复制的先天优势。而后发央企智库可充分利用大数据、物联网、移动互联、云计算等新技术,实现更多资源选择、多元信息渠道,快速搭建更系统先进的信息资源整合系统,真正将大数据作为重要资产化要素投入智力生产,参考借鉴先行央企智库从零开始积累的时间成本和"试错"成本,快速拉近差距。

---

① 郭瑞、杨天通:《新时期社会智库的价值定位、责任与路径重塑》,《智库理论与实践》2023 年第 1 期。

（三）央企智库交叉优势的形成及相关建议

1. 交叉优势的形成

无论处于哪一发展阶段的央企智库，都必须首先承担国家使命和推动行业发展的责任。针对国家和行业面临的问题提出决策建议和应对方案，应为央企智库的共同行动。合作与竞争应是央企智库的“一体两面”，融合各自优势实现良性互动、共同发展，为我国经济社会发展贡献更多的智力成果。《关于中央企业新型智库建设的意见》提出，“构建上下贯通、横向协同的决策支撑体系”，实质上是对“先行央企智库”与“后发央企智库”加强沟通、交流与合作提出的一项重要落地举措，也是HMTIs要素投入分析框架中分享意愿（s）发挥外部效应的体现。本文试将先行央企智库与后发央企智库融合的交叉优势形成机理做出分析（见表8）。

表8　先行央企智库与后发央企智库融合交叉优势形成机理

要素	人才（H）	技术（T）	管理（M）	信息（I）
先发优势	人才的先期积累；成形的人才梯队；成熟的职业规划和培训体系	研究范式的早期积累	成熟的管理模式	信息情报资源渠道的历史积累
后发优势	创业文化的激励效应；增量人才的高标准、高起点	新理念、新技术的先导性范式；倡导变革	组织架构的轻量化；新管理工具、新标准和新硬件的应用	先进技术的先期引入；已有外部资源渠道的直接应用

续 表

要素	人才(H)	技术(T)	管理(M)	信息(I)
交叉优势	提取创业文化中的激励效应部分,以更好的人才机制激发成熟专业团队的"干事创业"动能	不断推动研究方法论创新和研究范式的"先立后破"	以成熟经验避免走弯路,以新技术新理念促成熟模式的重点领域和关键环节变革	探索"云研究",研究资源数字化、信息化,以统筹优化思维构建共享平台

2. 建议

为有效融合形成交叉优势,更好地发挥央企智库联盟等交流合作平台的作用,提出如下建议:

(1) 以多元化方式加强智库与相关机构间人才交流

常态化建立央企智库人才的"旋转门"机制,参考央企与国家部委间人才交流模式,打造央企智库(特别是跨行业央企智库)间、先行央企智库与后发央企智库间的人员轮岗、交流机制,建立适应跨越式复合型人才培养的保障机制,打造一支符合央企智库发展的多元化人才队伍,以人才交流为桥梁,实现央企智库间发展理念、研究方法等更深层次的交流互鉴。

(2) 以课题研究为纽带促进智库间智力资源协同

以重大研究课题为纽带,形成研究联合体,共同攻坚克难。这种联合一般采用三种方式:一是从课题源头入手,作为"出题人"的政府,在发布重大课题时即在规则上鼓励智库联合体申报;二是从课题组织入手,建立发挥各自优势的分工协作机制;三是从成果入手,允许采用"背对背"方式各自独立研究,在验收环节将形成共识的研究成果统筹汇总。

（3）以管理互鉴为手段优化智库运营管理模式

持续以目标为导向对管理体系、管理方法进行优化设计和变革。通过智库间管理互鉴，一是夯实基础管理和基本功训练，二是探索适应智库业务的柔性管理架构，三是不断优化考核与激励机制，以促使智库可持续发展。

（4）广泛应用数字化工具打造智库资源共享平台

探索实现“云研究”新理念，发挥好央企智库联盟等平台机制的桥梁纽带作用，进一步依托现有平台机制，形成央企智库与政府、央企智库之间、央企智库与其他类型智库之间的多元沟通交流模式，打造智库资源共享平台。

（四）结　　语

本文以后发优势理论和生产要素理论为基础，从一个独特的视角对不同发展阶段央企智库的先发优势与后发优势融合为交叉优势从理论层面做了阐释，并结合两个典型案例分析提出了实现路径。由于本文选题较新，且受限于作者视野和经历，尚未从更广泛的维度就央企智库交叉优势的形成及其特征作案例调研，从实践层面作更深入的分析。下一步研究工作将扩大智库调研的范围，深入分析后发优势与先发优势融合的内在逻辑和形成机理，从多个分析维度更为深入地总结提炼交叉优势的特征，分析评估智库交流合作机制与平台在其中的价值实现方式。

（作者：中国海油集团能源经济研究院　丛威、刘志勇、梁栋，
本文在《央企智库的交叉优势及其形成机理》〈刊登在《智库理论与实践》2024 年第 3 期〉一文的基础上修改完成。）

三、日本企业智库的特征、功能、作用与启示

关于企业智库，2015 年 1 月中共中央办公厅、国务院办公厅在联合印发的《关于加强中国特色新型智库建设的意见》中明确表示，“支持国有及控股企业兴办产学研用紧密结合的新型智库，重点面向行业产业，围绕国有企业改革、产业结构调整、产业发展规划、产业技术方向、产业政策制定、重大工程项目等开展决策咨询研究”。这表明推进企业智库建设已成为中国特色新型智库建设的主要目标之一。由于企业智库建设正日益受到我国政府的重视，部分大型央企从自身的定位和特点出发，提出了建设中国特色新型智库的目标，[①]但其建设也正面临着诸如自身业务范围界定不清、治理机制不健全、缺乏影响力、缺乏与政府沟通渠道等挑战。[②]《关于加强中国特色新型智库建设的意见》中提出的“坚持以我为主、为我所用，学习借鉴国外智库的先进经验”的建议，为应对这些挑战提供了明确的思路。目前，学习借鉴国外先进经验已成

① 陈彬、李尧、赵航：《央企智库建设探索与实践——三层次智库建设初探》，《智库理论与实践》2018 年第 2 期。

② 尉鹏阳、范宇峰、王苏礼：《中国企业智库浅析：概念、特征和发展现状》，《智库理论与实践》2017 年第 2 期。

为中国特色新型智库建设的重要着力点之一。本文将对日本企业智库的类型、特征、功能进行详细考察，并在此基础上对其在日本社会中发挥的重要作用进行总结，以期为中国特色新型企业智库建设提供借鉴和参考。

（一）日本企业智库的概念、类型与特征

20世纪60年代中期，“智库”这一概念被引入日本。第二次世界大战后，行政机构仍承担着日本大部分政策的制定。然而，社会需要建立与第二次世界大战前不同的、新的社会开发体系。当时，无论是在日本政府，还是在执政的自民党内，都需要智库这种在行政机构以外能够进行政策研究与政策建议的组织。尤其是，日本经济界为了摆脱对官僚的“唯命是从”，强烈希望为能够独立进行政策加工的人才与机构，创造可以更加自由活动的社会环境。在这样的社会背景下，20世纪70年代前后，野村综合研究所（野村证券系，以下简称“野村综研”）、三菱综合研究所（三菱集团系，以下简称“三菱综研”）、未来工学研究所等智库在日本相继成立。[①] 其中，野村综研、三菱综研就是日本大型企业集团所属智库——企业智库。此后，企业智库逐渐发展成为日本智库体系中的一支重要力量，成为日本有别于其他国家智库体系的最大特色。

1. 日本企业智库的概念界定

何为企业智库，国内专家学者进行了一些讨论。如柯银斌、马岩两位学者认为，“企业智库是指由企业创办的具有智库功能的非营利的研

---

① 铃木崇弘：《日本にはなぜ（米国型）シンクタンクが育たなかったのか?》，《政策・経営研究》2011年第2期。

究咨询机构,通常以企业字号为智库的字号,无论是否采取企业法人的法律形式”。① 李刚、王传奇两位学者则认为,“企业智库是企业创办的关联机构,可以是独立法人实体,也可以是非法人实体,公开自己的治理结构和研究员信息,从事和企业所在行业有关的公共政策研究咨询,并向社会无差别无偿提供研究成果和事实数据的研究机构”。② 而王乐、沈高峰、张敏则认为,“新型企业智库是企业创办,面向现代企业制度、产业结构调整、产业发展规划、产业技术方向、产业政策制定、重大工程项目,产学研用紧密结合,不以营利为主要目的的研究咨询机构”。③ 根据上述几位专家学者对企业智库的界定及日本企业智库的实际情况,本文认为所谓日本企业智库就是,由日本大型企业集团设立,具有调查研究、咨政建言、舆论引导等智库功能的研究咨询机构。

2. 日本企业智库的类型

根据事业内容,日本企业智库大体上可以分为两类。第一类是综合性企业智库。这类智库从事的调查研究、咨询等涉及经济、社会等多个领域,如野村综研、三菱综研、日本综合研究所(三井住友银行集团系,以下简称“日本综研”)等企业智库。以三菱综研为例,其从事的事业主要包括两个方面:一是“智库与咨询”服务,提供调查研究、政策支持及企业经营战略支持等各种服务;二是IT服务,以三菱综研DCS为中心,在金融、流通、文教等领域提供各种ICT解决方案。第二类是专

---

① 柯银斌、马岩:《企业智库:研究现状、问题及议程》,《智库理论与实践》2017年第4期。

② 李刚、王传奇:《企业智库:范畴、职能与发展策略》,《智库理论与实践》2018年第5期。

③ 王乐、沈高峰、张敏:《新型企业智库概念、属性与转型路径研究》,《决策与信息》2020年第1期。

业性企业智库。这类智库从事的调查研究、咨询等工作主要以母体企业所在行业为主,如情报通信研究所(NTT 系,以下简称“ICR”)、东丽经营研究所(东丽集团系,以下简称“东丽经营”)、NX 综合研究所(日本通运株式会社系,以下简称“NX 综研”)等企业智库。以 ICR 为例,其主要从事与母体企业日本最大的电信服务商 NTT 所在行业相关的调查研究、咨询等工作,“捕捉最尖端的技术动向,为促进 ICT 的普及作出贡献,并基于以往的经验预测今后 ICT 的动向,作为‘领航员’引领客户解决问题”。

此外,如三菱集团这样的日本大型企业集团,不仅设有三菱综研这样的综合性智库,其所属的三菱 UFJ 银行还设有综合性企业智库——三菱 UFJ 调查咨询株式会社(以下简称“三菱 UFJ 调查咨询”)。三菱集团所属企业还设有专业性企业智库,如三菱化学集团就设有智库——三菱化学调查株式会社(以下简称“三菱化学调查”)。

3. 日本企业智库的特征

第一,日本企业智库规模较大。根据日本 NIRA 综合研究开发机构所作的“日本智库”名单①(截至 2014 年 3 月)及日本智库协议会会员名单②的统计,日本企业智库大约有 15 家(实际数量远超这一数字)。其中,综合性企业智库有 10 家、专业性企业智库有 5 家。日本企业智库虽然数量相对不多,但由于母体企业规模巨大,所属智库一般规模也较大。如野村综研作为日本第一家现代智库,被称为“日本的兰德公司”。其注册资本超过 256 亿日元,综合销售收入达 7 365 亿日元(2023

① 総合研究開発機構:《『シンクタンク情報 2014』の調査結果の概要》,http://www.nira.or.jp/pdf/tt2014_gaiyo.pdf。

② 日本シンクタンク協議会:《会員組織紹介》,http://jairi00.ec-net.jp/member/index.html。

年度),现有员工 7 206 人(野村综研集团为 16 708 人),在日本国内外设有 95 个分支机构及关联企业(日本国内 28 个、海外 67 个)。

第二,日本综合性企业智库从事的调查研究领域广泛。日本企业智库,尤其是综合性企业智库,其母体企业本身作为大型企业集团,从事的行业较多,因此为满足母体企业的需求就需要从事多领域的研究。同时,日本综合性企业智库为满足社会需求,促进自身进一步发展,从事的研究领域大多较为广泛。如三菱综研,其从事的研究领域就包括电子通信、机械、建筑、能源等自然科学领域,以及经济、经营、政治、教育等社会科学领域,相关研究员达 990 人(截至 2023 年 9 月)。

第三,日本专业性企业智库从事的调查研究专业性强。以 NX 综研为例,其作为日本著名物流企业——日本通运株式会社的所属智库,主要从事与物流相关的调查研究、咨询等工作。NX 综研不仅在日本国内,还在全球范围内,为企业客户“构筑最有效的物流体系”,为企业设计、建立、利用最合理的物流基地提供具有战略性的智力支持。NX 综研还致力于以与实际业务相结合的形式,对中国、东南亚、印度等发展中国家与地区具体的物流状况及物流线路、规章制度等进行调查研究。

第四,日本企业智库影响力巨大。由于规模较大、调查研究范围广泛与专业性强等原因,日本企业智库在相关领域具有重要的影响力。如野村综研,就金融、经济、资产管理等内容发行专业刊物 11 种;2023 年共发行图书 17 本、研究报告 65 篇。野村综研还为木内登英、大崎贞和、井上哲也等 8 位研究员在其网站上开设专栏,发表其有关经济、金融等热点问题的评论文章。日本主流媒体也经常公布企业智库的调研报告,发表企业智库研究员的评论文章。尤其是,在日本首相相关的政策咨询小组中也能发现这些企业智库研究员的身影。

第五，综合性智库与专业性智库同时存在于同一个企业集团内。综合性智库与专业性智库同时存在于同一个企业集团内，有利于实现这些智库之间的互补。如三菱综研作为综合性企业智库，虽然研究领域广泛，但并不会深入涉及某些具体领域。如在化学及化工领域，三菱综研主要提供产业风险管理、技术与研究开发及知识产权咨询等“战略性”业务，而三菱化学调查则提供基础化学、有机化学、高分子化学等具体化学相关领域的调查研究等业务。在经济领域，三菱 UFJ 调查咨询则能够为相关客户提供经济、产业、就业等多个具体领域的调查、咨询等业务。而这些专业性智库正好弥补了三菱综研在化学、经济等具体领域研究能力的不足，与其形成互补。这种互补有利于促进整个三菱集团及相关企业的发展。

（二）日本企业智库的主要功能

日本企业智库通过调查研究、咨询、人才培养、信息收集与提供、普及与启发等主要功能（见表 9），为政府与企业决策提供了有力的智力支持，并为引领社会变革发挥着积极作用。

表 9　日本企业智库的主要功能及实践方式

主要功能	实　践　方　式
调查研究	主要接受经济产业省、内阁府、厚生劳动省等日本政府各部门的委托进行调查研究
咨询	主要在经营战略、组织与人才战略、企业风险管理、全球业务、数字技术创新、可持续发展以及各相关专业领域提供咨询业务
人才培养	举办各种类型、层次的培训班和研修班等

续　表

主要功能	实　践　方　式
信息收集与提供	为制作研究报告、统计数据等收集相关信息;发布日本及相关国家和地区的经济预测,公布各专业领域的相关研究报告、统计数据等
普及与启发	利用自身网站公布研究报告、各类统计信息等 利用报纸、杂志、网络等媒体发表文章,为研究人员开设专栏等

1. 调查研究功能

调查研究功能是智库必不可少的主要功能之一。日本企业智库主要接受政府等部门的委托,进行调查研究。如日本综研,其2023年在产业振兴、地域振兴等相关领域曾接受经济产业省、总务省、中小企业厅等日本中央省厅及相关机构、团体的委托调查研究21项。日生基础研究所(日本生命保险系)就照护与福利政策、土地与住宅政策、艺术文化等问题,曾接受厚生劳动省、国土交通省、文化厅等日本中央省厅、地方政府及相关机构、团体的委托进行调查研究。富士通综研株式会社(富士通集团系)每年都就"国家的医疗与福祉"问题接受厚生劳动省的委托进行调查研究,为日本推进居家医疗与照护合作、老年人保健与健康事业等工作提供智力支持。

2. 咨询功能

一般情况下,日本企业智库作为公司法人需要自负盈亏,咨询收入是大部分日本企业智库收入的最重要来源。因此,咨询功能也是大部分日本企业智库最为重要的功能之一。如三菱综研,以其丰富的知识储备,从战略的制定到执行为客户提供全面的咨询服务,主要集中在经营战略、组织与人才战略、企业风险管理等 12 个领域。ICR 主要提供经营战略、事业战略、ICT 战略等相关领域的咨询,“让 ICT 带来的附加值最大化”,为企业“解决当前问题的同时,预测、解决未来将遇到的问题”提供帮助。而作为物流行业专业性企业智库的 NX 综研,则主要在供应链的优化、物流中心及输配送网络的改善、特殊品与超重物品的运输等物流相关领域提供咨询。

3. 人才培养功能

人才培养功能是企业智库面向企业的发展进行多方位支援的手段之一,主要通过举办培训班、研修班等方式为企业培养人才。如东丽经营每年都主要以能够担当下一代经营的人才,在部门具有主动性且对新经营课题感兴趣的人才,以及希望通过学习班与其他公司同水平的人员建立人脉的员工为主要对象,举办“下一代经营者育成塾”,为企业培养下一代经营人才。NX 综研则通过开设“物流 E 学院”“物流讲座”“运行管理者应试对策讲座”等方式为日本物流行业培养人才。以“物流 E 学院”为例,其通过网络化的学习方式,以物流基础知识为中心,向客户提供包括物流基础知识、应对物流全球化、提高营业技术等物流相关课程。理索纳综合研究所(理索纳银行系)面向经营管理者、青年骨干员工、新员工等企业的各阶层员工提供各种培训课程,为企业培养能够解决经营中所遇问题的相关人才。

4. 信息收集与提供功能

信息收集是日本企业智库提供咨询及进行咨政建言的重要基础工作之一,而信息提供则能够吸引更多受众关注提供信息的智库。日本企业智库收集的信息主要以定期或不定期的报告等形式,通过网络或传统媒体向社会公布,发挥信息收集与提供的功能。如日立综合计划研究所(日立集团系)就收集有关日本、中国、美国、欧洲等世界主要国家与地区的最新经济信息,并在其网站上发布以这些信息为基础做出的相关经济预测。东丽经营则主要收集与其从事行业有关的经济、纤维与服装、产业与技术创新等各类信息,并以研究报告的形式提供给相关产业界人士。东丽经营虽然是制造行业的专业性企业智库,但也通过收集的信息编制并发布《经济预测》,向日本社会提供相关经济信息。NX综研也在网站上公开由其收集的信息为基础撰写的报告,如《经济与货物运输预测》《企业物流短期动向调查》《物流报告》等。以《经济与货物运输预测》为例,该报告自1974年以来已连续公布了50余年,通过收集的相关信息分析"经济(国际、日本)"与"货物运输量(国内货物、国际货物)"动向的同时,还对半年到一年左右的短期动向进行预测,每季度发布一次报告,不仅受到物流行业的关注,还受到其他相关行业的关注。

5. 普及与启发功能

日本企业智库除了通过网络公布研究报告、各类统计信息外,还通过在报纸、杂志等传统媒体上发表文章,以及为所属研究员在网站上开设专栏,发挥普及与启发功能。如日生基础研究所,其研究员每年都在《产经新闻》《日本经济新闻》《读卖新闻》《朝日新闻》以及《住宅》《经济学家》《东洋经济》等日本主流报纸和杂志上,就有关日本经济、住宅销售、能源等内容发表大量文章。三井住友信托研究所(三井住友信托银行系)研究员也在《日本经济新闻》《读卖新闻》《朝日新闻》等主流媒体上,就日本国内的物价、不动产及道路运营等发表自身见解。而瑞穗调查与技术则在其网站上为研究员门间一夫开设了"门间一夫对经济的深刻解读"栏目，发表其就金融政策、物价、国债等问题撰写的文章。

（三）日本企业智库的作用

1. 为政府决策提供智力支持

企业智库通过发挥自身优势，接受政府等部门的委托进行调查研究或提供咨询，弥补了政府等部门调查研究能力的不足，为其决策提供了智力支持。如野村综研、三菱综研这样的综合性企业智库，规模巨大，研究实力雄厚，研究领域广泛，在经济、社会等领域具有巨大的影响力，能够为政府决策提供有力的智力支持。即使如 ICR、三菱化学调查、NX 综研等专业性企业智库，也凭借其在自身所属行业的优势地位，能够为政府决策提供智力支持。企业智库既可以接受政府等部门的委托进行调查研究，也可以让委托部门了解企业、行业的实际需求，进而为其制定、完善相关行业政策提供帮助。

2. 为企业决策提供智力支持

日本企业智库主要通过为相关企业提供咨询，为其决策提供智力支持。企业委托日本企业智库所作的咨询，就是企业希望通过智库解决在决策过程中遇到的难题，大多会体现在企业未来的决策之中，是日本企业智库为企业决策提供智力支持最直接的表现。日本企业智库通过网站公布的各种统计数据，也同样为相关企业进行决策提供了智力支持。此外，如前所述，日本企业智库还通过面向企业举办讲座、研修等形式，为企业培养人才，间接为企业决策提供智力支持。

3. 引领社会变革

日本影响力巨大的企业智库,在引领社会变革方面也发挥着积极作用。如三菱综研就将其经营理念确定为,以丰富且共创可持续的未来为使命,与世界共同探寻应有的未来,解决社会课题,引领社会变革。三菱综研还在2020年纪念成立50周年时,以“在100亿人·100岁时代实现富有且可持续的社会”为主题提出了“50年计划”,为日本解决未来在世界上将首次直面的各种因少子老龄化而出现的社会课题提供策略。又如野村综研,其早在2002年就提出要继续实现“创造未来社会”的志向。[①] 如今,野村综研仍以“共创未来”为理念,希望在变化莫测的时代,紧紧把握社会现状,开拓未来,并为此通过创造新价值为社会作出贡献。野村综研每年还定期举办“共创未来论坛”,邀请相关专家共同探讨“日本与世界的未来像”;举办以“可持续发展的未来预想图”为主题的“学生小论文比赛”,让学生描绘日本与世界的“未来像”。

(四)日本企业智库发展对中国企业智库建设的启示

1. 国家应鼓励大型企业集团、行业企业设立智库或扩大现有所属智库的业务范围,为政府与企业决策提供智力支持

目前,与官方、半官方智库相比,我国企业智库发展相对落后,因此应鼓励大型企业集团、行业企业设立智库或扩大现有所属智库的业务

① 丁敏:《日本头脑产业》,人民出版社2015年版,第50页。

范围，积极为政府与企业决策提供智力支持。一是鼓励大型企业集团设立综合性智库或扩大现有所属智库的业务范围，积极为政府决策提供智力支持。如三菱综研作为日本综合性企业智库，其2023年有31%的业务来自政府等部门，为日本政府决策提供了有力的智力支持。二是鼓励更多的大型行业企业设立专业性企业智库，积极为政府等部门制定行业政策及企业决策提供智力支持。大型行业企业本身在所属行业就具有较为重要的地位，其技术发展方向也大体上代表了该行业的发展方向，因此其所属智库的知识产品不仅能够为自身发展提供智力支持，还能够在政府等部门制定相关行业政策、促进所在行业及相关企业的发展等方面发挥重要作用。

2. 畅通智政沟通渠道，充分发挥企业智库在政府决策中的作用

日本企业智库能够在政府决策中发挥重要作用，是因为日本的智政沟通渠道较为畅通。我国政府与企业智库应共同努力，畅通智政沟通渠道。首先，我国政府应积极推动与重要企业智库建立制度化的沟通渠道。畅通智政沟通渠道，有利于政府在决策中吸收这类智库的知识产品，扩大政策制定的知识来源渠道。其次，企业智库也应主动构建与政府间的沟通渠道。一是积极吸收优秀的原政府官员或有政府工作经历的官员进入智库从事管理工作或研究工作，利用其丰富的工作经验以及成熟的成果输送渠道，为智库与政府间建立有效的沟通渠道。二是积极参加政府组织的各项调查研究活动、举办的专业会议，以及委托调查研究等项目的招投标活动，充分展现自身的专业能力，吸引政府部门等主动建立沟通渠道。

3. 企业智库应积极提高影响力，推动自身良性发展

我国企业智库建设相对落后的现实，造成了其与官方、半官方智库

相比影响力有限。如前所述，日本企业智库通过为企业及社会提供信息，在报纸、杂志等媒体上发表文章，以及为所属研究员在媒体上开设专栏等方式，积极提高自身影响力。我国企业智库也应通过多种方式积极提高影响力，推动自身良性发展。一是利用自身在经济、产业、金融等方面的专业优势，在传统媒体及新媒体上定期发布相关信息，积极吸引受众的关注。二是应及时跟踪社会热点问题，积极利用自身专业优势进行深入解读，为受众答疑解惑。无论是定期公布的专业信息，还是对热点问题的深入解读，都有利于提高智库的公信力，进而提高智库的影响力，推动其良性发展。

4. 企业智库应肩负更多社会责任，积极引领社会变革

大型综合性企业智库的研究应更具前瞻性，积极为未来可能出现的社会问题寻找解决方案，或提前引导社会避免遇到可能会出现的社会问题。如以“解决社会课题，领导社会变革”为经营理念的三菱综研，就在可持续发展、数字化转型服务、智慧城市与智慧出行等方面积极引领社会变革。目前，我国也有如阿里研究院这样将“未来研究”列入正式议程的企业智库，[①]但数量较少。大型企业集团本身就应承担社会责任，作为其智囊的所属智库，更应肩负更多社会责任，将“未来研究”这样的战略性问题作为重要的研究对象，积极引领社会变革。

（作者：天津社会科学院亚太合作与发展研究所　董顺擘，本文是在《日本企业智库：特征、功能、作用及启示》〈刊登在《情报杂志》2023 年第 1 期〉一文的基础上修改完成。）

① 柯银斌、马岩：《企业智库的战略定位》，《智库理论与实践》2017 年第 2 期。

案例篇

一、中国石油集团经济技术研究院：中国新型企业智库的先行者

作为29家国家高端智库建设试点单位中唯一的企业类智库，中国石油集团经济技术研究院（以下简称“中石油经研院”）心怀“国之大者”，聚焦“企之要情”，“立足行业跳出行业、立足企业跳出企业”，积极构建“小机构、大网络”开放研究格局，有效发挥咨政建言、理论创新、舆论引导、社会服务、公共外交等功能，聚智兴能担当作为，在学科、成果、人才、治理、品牌等方面取得了突出成绩，在服务发展、支持决策等方面取得了一系列新突破、新进展。

（一）智库发展历程——栉风沐雨六十载

中石油经研院是中国石油天然气集团有限公司（以下简称“中国石油集团”）直属的主要从事经济与技术相结合的软科学研究机构，前身是成立于1964年的石油工业部科技情报研究所。

中石油经研院诞生于共和国波澜壮阔的激情岁月，成长于中国特色社会主义伟大旗帜之下，奋进于中国石油工业发展变革历程之中，发

展于中国石油集团建设世界一流综合性国际能源公司的筑梦之际,从最初单一的科技情报研究单位发展成为经济与技术研究相结合的国家高端智库建设试点单位。60 年来,在探索中起步,在改革中发展,在前进中壮大,既是我国石油工业创业的亲历者和石油科技情报事业的创始者,又是现代石油经济的研究者和推动者,还是中国特色新型智库建设的先行者和引领者。60 年来,五次更名、五次易地,始终坚持党的领导,立足实践、突出油气、面向能源、服务决策,为我国石油石化工业高质量发展和保障国家能源安全做出了重要贡献。

60 年来,中石油经研院紧跟我国能源工业的发展变迁,大体经历了情报分析、信息研究、经济技术研究、智库建设四个不同的发展时期。

1. 1964—1993 年: 情报分析阶段

20 世纪 50—60 年代,伴随着大庆、华北系列石油会战的陆续开展,为应对西方国家技术封锁,1964 年 6 月 24 日,石油工业部正式下文成立"科技情报研究所",主要任务是服务国家石油自给战略,紧盯世界石油工业科技发展趋势,为油田企业科研与生产提供国外技术资料,为党中央、国务院制定科技战略提供决策参考。

这一时期,一批油气勘探开发等领域的专家,面对西方发达国家的技术封锁,怀着对党的事业的忠诚和加快发展我国石油工业的渴盼,凭借钢笔、剪刀加糨糊,夜以继日地奋战在科技情报战线上,紧盯世界石油工业科技发展趋势,努力搜求有价值的科技信息,为满足上级实施技术决策建立了卓著功勋,为解决找油找气中遇到的技术难题、制定石油工业发展战略,发挥了科技先锋作用。其中,配合石油工业"五大歼灭战",集中兵力开展情报大会战;以催化裂化等"五朵金花"技术为代表的成功研发和工业化应用,打破了国外技术封锁,推动了石油石化产业跨越式发展；一批研究成果获石油工业部、中国石油天然气总公司科技进步奖，《中国石油文摘》获国家科委全国检索刊物体系一等奖。

2. 1993—2002 年：信息研究阶段

伴随着信息化时代的到来，科技情报研究所先后更名为信息研究所、经济和信息研究中心，提出了“建设国内一流、国际有影响力的信息研究机构”的发展目标和以“战略、综合、前沿、趋势”为重点的信息工作方针，主要任务由科技信息服务拓展为综合能源信息监测和研究服务，基本构建了以油气发展战略、能源环境分析、石油石化综合信息等为主的研究体系，建成了集采集、加工、建库、研究、咨询、出版、发布为一体的综合信息系统，在油气产量预测、石油安全战略、公司发展对策等研究方面取得了突破性进展，较好地发挥了服务国家能源战略和支持公司科学决策的重要作用。

这一时期，广大员工与时俱进、开拓创新，面向国家油气战略、面向油气行业、面向中国石油集团，注重国内与国外结合、经济与技术结合、科研与生产结合，产生了大量信息研究成果，在服务决策方面迈上了新台阶。参与制定了国家石油工业体制改革方案，提出的“适时发布社会责任报告”建议被中国石油集团采纳并付诸实施，《我国陆上石油中长期科技发展战略研究》项目荣获全国科技信息优秀成果二等奖，为我国陆上石油工业和中国石油集团改革开放、加快发展做出了积极贡献。

3. 2002—2012 年：经济技术研究阶段

21 世纪的第一个 10 年，是我国石油工业快速发展的黄金 10 年。中国石油集团提出“综合性能源公司”的建设目标，于 2002 年将经济和信息研究中心改名为经济技术研究中心，2005 年正式更名为中国石油集团经济技术研究院，主要任务是按照中国石油集团“一部三中心”的功能定位，更加聚焦支持中国石油集团领导决策和服务石油行业发展，成功转型成为中国石油集团专门从事战略、政策和能源经济研究的软科学研究机构，实现了由被动服务决策向主动服务决策的转变，并积极探索企业智库建设，在国内外能源经济技术研究领域发挥了引领作用。

这一时期，中石油经研院提出了强优创特和成果立院、人才强院、和谐兴院等工作思路，全面开启开放办院，适时地将石油市场研究、天然气产业研究以及综合性国际能源公司研究等列为重中之重，积极推动与美国 IHS 公司、剑桥能源咨询公司、日本能源经济研究所等著名研究机构建立合作关系，与中国科学院、中国石油国际勘探开发有限公司等单位分别合作共建了研究中心，《石油参考信息》《石油数据简明统计》《世界油气投资环境指南》等成为深受中国石油集团和各企事业单位欢迎的品牌产品，《国内外油气行业发展报告》等品牌产品受到业内外广泛关注，《国际石油经济》和《石油商报》在行业内产生了广泛的影响，《中国石油天然气可持续发展战略研究》项目获中国石油集团科技进步奖一等奖，各类科研成果获批示、获奖励的数量和层级不断提升。

4. 2012 年至今：开始步入智库建设阶段

党的十八大以来，世界百年变局全方位、深层次加速演进，全球能源供需格局深刻调整，能源转型步伐节奏日益加快。以习近平同志为核心的党中央，从推动科学决策、民主决策，推进国家治理体系和治理能力现代化、增强国家软实力的战略高度，系统谋划和推进中国特色新型智库和国家高端智库建设。2012 年中石油经研院提出企业智库的建设目标和方案，2014 年被纳入国家能源局首批 16 家研究咨询基地，2015 年入选首批国家高端智库建设试点单位，成为唯一的企业类智库，2023 年成为国务院国资委央企智库联盟秘书长单位，主要职责与功能向智库快速转变和拓展，重点聚焦国家、行业和中国石油集团发展的重大问题，大力开展企业智库、行业智库和国家高端智库建设工作，在中国石油集团发展大局中的特色优势和服务国家能源行业发展的决策支持作用日益凸显。

这一时期，中石油经研院在中国石油集团党组的坚强领导下，以习近平新时代中国特色社会主义思想为指导，以建设世界一流研究院、打造中国特色世界一流新型企业智库为目标，立足“能源”与“企业”特色优势，坚持服务党和国家决策、服务国资国企改革发展、服务集团公司世界一流企业建设的“三服务”定位，围绕决策支持、理论创新、舆论引导、社会服务、公共外交五大功能，汇聚内外部智力资源，构建具有中国石油智库特色的学科体系、学术体系、成果体系和话语体系，形成了面向国家、行业、企业三个层面的决策支持研究格局。特别是 2020 年以来，中国石油集团将国家高端智库建设提到前所未有的战略高度，创新推行举全集团之力建设智库的新型体制。

60 年来，中石油经研院始终把保障国家能源安全作为一切工作的出发点，立足中国、放眼世界，立足企业、服务行业，通过近 10 年的国家高端智库建设，决策支持力、学术贡献力、社会影响力和国际知名度显著提升。

（二）智库建设的主要做法及成效

1. 明定位、强使命，探索出一条中国特色新型企业智库建设道路

中石油经研院从党和国家事业发展全局出发，胸怀“两个大局”，坚持“立足行业跳出行业、立足企业跳出企业”，积极承担和参与国家重大

问题研究，增强对国家层面的决策支持能力，主要做法如下：

一是强化与决策部门供需对接。综合利用课题研究、交办任务、决策咨询等交流机制，多渠道加强与高端智库理事会秘书处和决策部门的沟通联系，前置征询对智库选题、重大活动、重要研究专项等的意见建议。

二是扎实开展政务支持服务。与国务院有关部门构建报告直报机制，定期报送能源经济数据，共建“能源转型与高质量发展”合作研究机制，开展能源转型和碳排放双控等系列调研；积极参与国家部委行业形势分析会。

三是立足咨政建言，持续强化质量管控。多渠道认领国家高端智库理事会交办的课题，定向服务决策部门。综合运用科研会商和专家研讨，广泛征集、滚动更新并择优设立自主研究课题，积极主动服务支撑决策。优选业务骨干组建研究团队，加强联合研究、跨团队研究，夯实课题成果质量。压茬推进研究报告编写呈报。滚动征集选题建议，高频开展成果打磨，形成智库报告五级审查制度，及时呈报智库成果。

2020年以来，中石油经研院每年认领国家高端智库课题数十项，成果获部委评价优良率连续两年100%；每年上报一批内参报告，一批成果获采纳；研究成果直接支撑了能源绿色转型、能源安全、国企改革等方面政策文件的编制。

2. 塑品牌、提质量，建立了一套具有中国石油特色的软科学研究体系

一是遵循软科学研究规律，突出“能源”和“企业”领域优势特色，发展形成了5个重点研究领域、18个学科、47个研究方向的“5·18·47”学科体系，重点学科和新兴关键领域研究能力明显增强。5个重点研

究领域为能源战略与安全、能源经济与市场、地缘政治与国际能源合作、能源科技创新与发展、公司治理与企业管理。

二是强化成果集成，稳步提升学术影响力，形成了决策咨询、信息资讯、公共服务、课题报告、论文专著等五大类100余项科研产品，打造了以《国内外油气行业发展报告》《世界和中国能源展望报告》《全球能源安全报告》《能源科技进展与展望报告》《中石油经研院能源数据手册》等为代表的一系列品牌产品，行业认可度和社会影响力持续增强。

三是实施数智赋能工程，利用人工智能、大数据技术等，持续提升软科学研究预测能力，建成中国石油集团油气市场模拟与价格预测重点实验室、全球能源大数据信息系统、天然气市场竞争情报系统、海外风险管理和决策支持信息系统等一批实验室、数据库和工具方法模型，软科学研究科学化、数智化水平不断提升。

3. 转观念、促改革，构建起一套符合企业类智库运行规律的治理构架

一流的智库需要一流的治理。中国石油集团党组高度重视国家高端智库建设，2020年以来，实行举全集团之力建设国家高端智库的新型体制，建立起智库建设领导小组、学术委员会、智库研究中心"三位一体"的治理体系，中国石油集团董事长亲自担任首届高端智库建设工作领导小组组长、学术委员会首席专家，形成了以学术委员会委员为核心的"最强大脑池"，每年组织召开学术委员会会议，围绕智库选题、研究质量、智库建设等方面出谋划策，成为智库高质量建设发展的压舱石和稳定器。

中国石油集团国家高端智库研究中心作为国家高端智库建设的实施平台，依托中石油经研院，"一个机构、两块牌子"，充分发挥优势特

色,汇聚全集团思想智慧,面向内外部智库研究力量,实行开放式研究。中石油经研院在中国石油集团党组坚强领导下,推动国家高端智库建设攻坚克难、开拓创新,有效发挥国家高端智库功能职责,智库决策影响力、学术影响力、社会影响力和国际影响力显著提升。

央企研究部门的"智库底子"比较薄,需要专门部门专业化运营,组织开展相关智库工作。2021 年 8 月,为进一步充实智库研究力量,统筹完善组织机构和工作机制,打造专业化、专职化、专班化的高水平智库研究队伍,不断提升智库建设运行管理水平,经中国石油集团批准,中石油经研院专门成立了两个部门来专职开展高端智库建设工作,专门负责智库课题管理、智库报告编写打磨、智库活动组织、国际化沟通协调管理、宣传等工作。

4. 建机制、聚合力,打造了一支具有中国石油底色的高素质人才队伍

一是持续培育智库领军人才。坚持党管干部、党管人才,树立鲜明的选人用人导向,依托"小机构、大网络",聘请"两院"院士、行业知名专家等组成学术委员会和特聘专家团队,充实扩大领军人才队伍。以"不求所有、但求所用"人才理念,协调"两院"院士、中国石油集团总部部门和各直属研究单位专家人才领衔智库课题;实施"智库名家打造计划",推举院知名专家担纲重点科研项目,积极创造条件打造思想精品,2024 年推荐新增 1 名享受国务院政府特殊津贴人员、8 人入选"中国石油核心科研骨干人才"名单。

二是注重引进外部优秀"智囊"。建立"高层次人才引进、社会成熟人才招聘、博士后联合培养、高校毕业生选拔"四位一体引才体系,近年来成功引进多名集团级高层次人才、院特聘专家。充分发挥博士后工

作站人才集聚作用，与北京大学、清华大学等建立博士后联合培养机制，2023年以来已引进10余名联合培养博士后进站工作。

三是突出加强人才培养使用。注重培训提能，采取分层分级分类等方式精准落实各项培训措施；常态化开展岗位交流和实践锻炼，培养复合型人才；推动建立符合人才成长规律的专业技术人才晋级体系，形成由院首席专家、高级专家、一级工程师构成的人才梯队。

四是着力开展学科团队建设。将学科体系建设作为智库人才工作的基础性、先导性工程，聚焦“5·18·47”学科体系配置学科团队，针对不同团队特质制定《学科团队运行方案》，将学科团队作为智库运行的基础细胞，推动做好科研基础保障和支持服务工作。

五是打造“拴心留人”良好环境。建立反映岗位价值、能力水平、工作业绩的差异化薪酬福利制度。针对高层次人才，提供更具市场竞争力的薪酬待遇；设立先进表彰专项奖励，持续加大精神激励力度，实现人才“引得进、留得住、用得好”。

5. 健全“小机构、大网络”研究格局，形成了开放多元的全球智库合作网络

中国特色新型智库需要扩大交流合作，强化资源整合，博采众家之长，形成智慧合力。60年来，中石油经研院始终坚持“互利共赢、合作发展、奉献社会、共同成长”理念，健全“小机构、大网络”开放研究格局，精心培育对外合作交流品牌，营造了全球开放合作的创新生态。与国内外众多机构在课题研究、成果报送、活动举办等领域建立起合作机制，已成为智库提升研究水平、落实舆论引导和公共外交职能的重要平台。

中石油经研院高度重视国际交流与合作，主要开展了以下工作：

一是把中国石油集团的国际化业务转化为智库研究的国际化资源。中国石油集团是较早走出国门在全球开展业务、利用“两个资源、两个市场”的国有重要骨干企业之一,目前在全球30多个国家运营着80多个油气投资项目。中石油经研院专门设立了海外投资环境研究所开展国际化经营研究,服务集团国际业务。近年来,中石油经研院依托中国石油集团海外业务布局,加强与国际大型能源公司、国际能源组织和著名研究机构合作,使国际市场、地缘政治、能源合作等方面的研究工作“接地气、见实效”。

二是强化话语传播网络建设。近年来,中石油经研院先后与非洲政策研究所、日本能源研究所、沙特国王研究院等多个国外机构签订了合作协议,与国际能源署(IEA)、石油输出国组织(OPEC)等国际能源组织开展机制性交流活动,与日本、印度、韩国等多个国家的研究机构合作开展联合项目研究。智库专家每年数十人次参加剑桥能源周、中俄能源商务论坛、中美关系(中东问题)二轨对话会、中法全球治理论坛等国际论坛活动并积极发言发声,传播中国智库声音。中石油经研院与人民政协报社联合开展对外话语创新工作;赴美与布鲁金斯学会等国际智库开展二轨对话;统筹构建国际传播矩阵,搭建智库专家发言发声平台,与路透社、彭博社、中国日报社、中国国际电视台等权威媒体构建联络机制,积极发出中国智库声音。

三是积极组织开展或参加特色专业论坛活动。中石油经研院每年分别与标普全球、非洲政策研究所、日本韩国研究机构共同举办国际能源发展高峰论坛、中非智库能源论坛、亚洲天然气市场论坛,组织举办进博会中国石油国际合作论坛等。2024年12月5日,中石油经研院与非洲政策研究所等在乍得首都恩贾梅纳成功举办“2024中非智库能源论坛”,吸引了来自中国、乍得、肯尼亚、埃塞俄比亚、尼日利亚、南非等国70多位代表参会，在论坛上联合发布了《非洲主要矿产资源开发利用研究》成果；此次论坛的新闻通过中、英、法、德、西、荷、意、阿等8种语言发布，获得美国五大电视台，美联社、澳大利亚通讯社、西班牙国际通讯社等国家级通讯社，以及路透社、《芝加哥邮报》等全球1 127家知名内外部媒体转载，累计触达受众超过4.2亿人，形成强烈社会影响力和学术影响力。

四是配合国家主场外交活动，开展国际交流合作，在全球能源治理中持续发出“中国声音”。全力服务国家对外工作，高质量举办中阿能源合作大会、“一带一路”能源合作智库论坛等一系列有影响力的重大论坛活动，积极扩大国际影响力。积极参加中俄能源合作委员会会议、金砖国家能源合作论坛、虹桥经济论坛等；加入“一带一路”国际智库合作委员会、“全球南方”智库合作联盟等国际交流平台，承办中加能源二轨对话；与国际能源署联合发布《氢的未来——抓住今天的机遇》等成果。积极参与国际能源治理，在国际能源组织中发挥作用；2016年，时任中石油经研院院长孙贤胜当选国际能源论坛(IEF)秘书长，是中国公民首次在重要国际能源组织担任负责人；2024年，单卫国教授当选APEC能源工作组主席，是该组织成立30余年来，首次由中国大陆代表出任主席；选派科研骨干到IEA、OPEC、IEF、沙特国王研究院等国际能源组织工作锻炼，积极对话交流。

（三）展望未来，践行中国特色新型智库建设的创新设想

中国特色新型智库建设已有10年，面向未来，中石油经研院将着力实施创建一流学科、培育一流人才、锻造一流成果、构筑一流平台等

六大举措,探索形成中国特色新型智库建设的“经研院范式”。

一是创建一流学科,筑牢立身之本。实施一流学科建设专项工程,动态优化完善学科体系,全力打造龙头学科,加快培育优势学科。大力完善学术体系,健全学术治理体系、学术研究组织与管理体系及学术质量管控体系。强化基础理论创新,深化战略阐释和理论研究,构建特色理论研究体系,努力打造世界一流学科优势和中石油经研院独特的研究范式。

二是培育一流人才,增强创新能力。大力实施人才强院工程,建成软科学研究人才高地。实施“名家打造计划”,打造“智库名家”和“知名专家”,引进科研领军人才,造就一支高水平领军人才队伍。实施“英才加速计划”,大力开发利用紧缺人才,大力支持骨干人才担纲领军攻关重任,建立双向流动培养制度,建设“三跨”(跨部门、跨专业、跨单位)创新团队,打造一支专业化科研骨干队伍。实施“雏鹰培育计划”,加快培育高素质青年人才,精准开展青年员工职业生涯设计,打通青年专业人才发展通道,加快提升人才队伍国际化水平,建设一支堪当重任的青年人才队伍。

三是锻造一流成果,提升品牌价值。分类建立精品成果体系,做精决策咨询类产品,做优信息资讯类产品,做强公共服务类产品,做深课题研究报告,做专论文专著类成果。健全精品成果供应机制,构建以选题专家为主体的课题供给团队、研究骨干为主体的成果编写团队、内外部专家为主体的质量提升团队、写作专班为主体的成果打磨团队“四位一体”的成果形成体系,形成精心选题、精心调研、精心研究、精心撰写、精心修改“五个精心”的软科学研究模式,全力打造国内外知名的精品成果,提高决策支持力和行业影响力。

四是构筑一流平台,厚植发展基础。以构筑一流研究网络平台、一流对外话语体系平台和一流数智化平台为重点，构建面向全球、多元开放的“小机构、大网络”研究格局。构筑一流研究网络平台，加强与决策部门沟通联络，有效发挥智库联盟等平台作用，渐进布局全球研究网络，巩固扩大国际交流合作网络。构筑一流对外话语体系平台，加快构建对外传播矩阵，大力拓展对外传播渠道，充分发挥自有媒体传播作用，加强外部媒体发声。构筑一流数智化平台，积极推进能源与发展研究平台建设，大力推进数据体系建设，有效推进数智平台建设。

五是强化一流管理，激发活力动力。建立充分体现央企特色、央企风格、三大责任和创新协同的企业智库治理与管理机制，以及科学高效的治理、管理和运行体系，实现治理体系和治理能力现代化。完善治理体系，构建中国特色的智库治理体系，深入推进“三位一体”的智库治理模式，构建开放包容的智库治理方式。完善管理体制和运行机制，优化组织体系，加强风险防控，强化制度体系，推行精益管理。进一步全面深化改革，深化科研管理改革、三项制度改革和基础管理改革。

六是弘扬一流文化，凝聚精神力量。坚守“智创·卓越·至善”的企业哲学和“为党和国家献策、为集团发展谋略、为行业未来赋能、为人类福祉助力”的初心使命，传承弘扬石油精神、大庆精神、铁人精神，秉承“惟实励新、精进臻善、尊重包容、追求卓越”的核心价值观、“自信自强、良善利他”的企业精神、“学在前、想在前、做在前、走在前”的行动信条，不断奋勇前进。

二、中信改革发展研究基金会：开门办智库的践行者

（一）基金会发展历程

1. 概况

在中央有关部门的推动下，中信改革发展研究基金会（以下简称“中信基金会”）于 2014 年 8 月经国务院批准成立，在民政部登记，由中国中信集团有限公司（以下简称“中信集团”）主管，是我国第一家由中央企业成立的智库型基金会。2016 年 7 月成为国务院国资委中央企业智库联盟副理事长单位，2017 年 9 月被中宣部确定为国家高端智库建设培育单位，2021 年 12 月被民政部授予“全国先进社会组织”称号。

中信基金会以“坚持实事求是、践行中国道路、发展中国学派”为宗旨，倡导“研究真问题、真研究问题、真解决问题”的“三真”学风，积极配合党和国家重大战略决策和战略部署，围绕社会科学各领域重大问题，特别是对中国特色社会主义发展道路和发展模式以不同形式开展深入

的专题研究，努力发挥“偏师”作用。主要业务包括：一是开展和资助有关社会科学各领域重大问题，特别是中国特色社会主义发展道路和发展模式等方面的研究、学习和宣传活动；二是组织和资助包括国家治理、社会治理、公司治理等社会科学各领域重大问题的各种学术交流活动和会议；三是资助有关社会科学各领域重大问题的研究项目和研究机构；四是资助有关社会科学各领域重大问题的学术著述的编写和出版；五是资助经理事会批准的与社会科学各领域重大问题有关的其他各类活动；六是资助其他公益性活动。

2. 发展历程

2014 年 3 月，中信基金会筹建期间，以中信集团主管经济类学术期刊《经济导刊》为抓手，指导其改版发行，组织专家学者围绕中国道路、制度等方面重大理论与现实问题开展研究并发表成果，首先建立起前沿思想库阵地。

2014 年 8 月，中信基金会正式成立后，试行“开门办智库”的方式，迅速从政、商、研、学各界聚集起一批实践经验丰富、学养水平较高的专家学者，并着力培养青年研究队伍，现已形成一支跨学科、跨领域、跨年龄、近 500 人的专兼职结合的专家队伍。探索建立了以价值观为基础、以课题研究项目为纽带、以研究质量定报酬的人才管理与激励制度，逐步形成一套能够打破领域限制、突破学科壁垒、融通年龄层级、开拓发展新型智库的机制。

近年来，在中信集团党委的领导下，中信基金会紧紧围绕党和国家工作大局，紧扣国有企业和其他各类企业、国民经济、国家战略和相关理论研究等主攻方向，不断深耕于经济发展、国企改革、科技创新、金融、乡村振兴、国际战略、国家安全和涉港、涉台、涉疆、涉藏等研究领域，先后成立国企研究中心、金融研究中心（金融实验室）、社会调查中心、中信城市运营研究中心、科技产业化研究中心、数字建造研究中心、中俄战略协作中心、中国—中亚命运共同体研究中心和中国海外利益保护研究中心，努力打造“研究问题的平台、正面发声的窗口、建言献策的渠道、对外交往的桥梁、凝聚人才的阵地”，不断推动智库高质量发展迈上新台阶，工作成果多次得到中央领导肯定性批示，发挥了社会智库的独特作用。

（二）智库建设的主要做法

中信基金会坚持改革创新、先行先试，坚持精心抓建设、规范抓管理，解放思想、大胆创新，推动形成符合智库运行规律、灵活高效的管理体制，激发智库活力和研究人员创造力，深入推进国家高端智库建设。

1. 始终坚持正确政治方向

中信基金会始终坚持党的领导，坚持正确的政治方向，认真学习贯彻习近平新时代中国特色社会主义思想，落实“第一议题”制度，吃透中央精神，用学习成果指导国家高端智库建设工作，将中央精神作为开展相关研究工作的根本遵循，学习与工作一体推进。将政治立场和政治表现纳入专家评价体系和课题评审标准，确保研究队伍具备良好的政治素质，研究成果坚持正确政治方向。

中信基金会始终以高度的政治责任感，将完成中信集团交办研究任务、认领国家高端智库年度重点课题、承接中央决策部门交办任务作为主责主业、重中之重，努力为中信集团高质量发展服务，为中国式现代化服务。

2. 将特色化决策服务作为智库建设的立足点

中信基金会坚持围绕党和国家事业发展大局开展工作，以决策支持服务为主线和立足点，坚持专业化、特色化发展思路，以国有企业和其他各类企业、国民经济、国家战略和相关理论研究为主攻方向，突出优长、办出特色，着力提升战略谋划能力和综合研究能力，切实践行“三真”学风。

中信基金会在做好智库课题研究和智库报告报送的同时，建立健全特色内刊体系。创办《改革发展与安全》《导刊内参》《中俄战略协作研究》《舆情观察》《舆情参考》《海外利益保护研究》等内刊，策划和支持《港情透析》《政情简析》《港情要报》《岛情观察》等简报，确保将决策咨询成果第一时间报送中央领导，研究成果影响力日益增强。

中信基金会创新研究方式，探索建立了一套能够打破领域限制、突破学科壁垒、融通年龄层级的组织机制和协同机制。中信基金会现设7个学部，包括文史哲学部，经济、管理和科技学部，政治学学部，法学学部，社会学学部，新闻传播学学部，国际和战略学学部。

中信基金会发挥专家队伍跨学科、跨领域、跨年龄的特点和优势，擅长开展全方位、多维度的综合研究，提升研究复合价值。例如，自2018年起持续跟踪研究中美博弈态势，举办相关研讨会20余场，从政治、经济、金融、科技、国际战略、法律、舆论等多角度，邀请各领域实务工作者和学术专家共同分析、研判中美博弈形势，提出兼具战略性和实操性的对策建议，得到中央领导同志和有关部门的肯定；2021年5月成立金融研究中心，所开展的《现代货币理论的发展、实践和我们的选择》《金融支持服务产业链供应链问题研究》等6项课题，均由金融行业和机构老同志领衔，带领来自金融机构和科研机构的青年专家共同研究。

3. 不断探索具有特色的治理模式

作为社会组织，中信基金会有较完善的法人治理结构和内部组织架构，能够建立健全各项规章制度，强化内部治理，坚持规范运作，不断提高项目管理、财务管理和人员管理水平，为服务国家、服务社会奠定坚实基础。而作为智库，中信基金会能够创新人才吸纳机制、管理机制和研究机制，以适应国家建设中国特色新型智库的要求，努力实现智库高质量发展。

中信基金会建立首席专家负责制。首席专家由理事长担任，主持全面工作，把握基金会发展方向、确定重点研究领域、审议各类成果及上报外发稿件、亲自主持重大课题和研讨活动、参与理论创新和对外发声，务实高效推动智库建设各项工作。

围绕智库管理、项目与成果管理、奖励、人员与经费管理等方面，中信基金会进一步研究制定具体、明晰、可操作的实施细则，形成较完备的运行制度体系。例如，从政治立场、研究能力、研究成果、纪律作风等方面评价研究人员素质，形成以价值观为基础、以课题项目为纽带、以研究质量定报酬的人才管理与激励机制。专家设置聘期，按期续聘，有进有出，在保持专家队伍规模的基础上，不断提升专家队伍的研究能力。实行奖优罚劣，对优秀成果按照《中信基金会优秀对策奖励办法》进行奖励，限制不合格成果课题经费报销和相关负责人新课题申报、续聘，保证研究质量。

4. 发挥平台作用汇聚一支较高层次的智库人才队伍

中信基金会创新人才管理机制，致力于打造高素质的研究队伍。

在人才吸纳方面，实行开门办智库，探索“中国式旋转门”。依托中信集团优势，从中信系统内部选拔一批优秀专业人才加盟，同时集合子公司研究院和博士后工作站的专家资源，协同合作开展研究。从国内外政、研、学、商各界聘请一批理论水平高且实践经验丰富、立志智力报国的专家学者，形成一支专兼职相结合的研究队伍。坚持人才队伍多元化，发挥海外进步人士、民主党派成员、少数民族专家等特殊作用。

在人才评价方面，建立综合考评机制，全面考察政治立场、研究能力、研究成果、学风及纪律等方面情况，坚持日常了解和年度考核相结合，深入掌握专家素质及表现。严格规范专家选聘条件和程序，做到有进有出，将考察结果作为奖惩及续聘的重要依据。

在人才激励方面，实行课题负责人制，以合同形式明确责权利，课题负责人可行使资源分配权。专家劳务费不设比例，重大课题经费实行包干制。奖优罚劣，对获批示和得到智库报告采用的按照《优秀对策信息奖励办法》标准给予奖励，对未达标的给予批评，并扣发一定比例的课题费。

5. 中信集团给予强有力支持

中信集团党委高度重视和支持基金会的各项工作，多次组织召开专题工作会，为中信基金会提供办公场所，建立资金补充机制等，为基金会顺畅高效工作提供有力保障。中信集团党委曾先后多次听取基金会有关工作汇报，时任董事长常振明、朱鹤新对中信基金会工作给予切实指导，帮助解决中信基金会发展难题。现任中信集团董事长奚国华做出指示批示，充分肯定中信基金会取得的成绩，要求支持中信基金会规范化、制度化、专业化发展，在近 10 年初创智库品牌的基础上，重整行装再出发，打造高端智库品牌。

中信集团各职能部门和中信系统内各子公司鼎力支持中信基金会智库工作。例如,中信出版集团在人力、财务等方面给予大力支持,在《经济导刊》发行与中国道路丛书出版等方面形成工作协同机制;中信基金会与中信集团战略发展部、中信集团业务协同部、中信证券、中信建投证券、中信重工、中信戴卡、中信特钢等常态化开展课题联合研究,优势互补。

(三) 智库建设取得的主要成效

中信基金会秉持"三真"学风,求真务实,紧紧围绕党和国家工作大局,聚焦主攻方向,积极开展对策研究,推进中国学派建设,参与舆论斗争,推动公共外交,提供社会服务,有效发挥社会智库独特作用。

1. 服务决策有效果

中信基金会强化国家站位,坚持围绕事关全局的重大热点问题开展战略性、前瞻性和储备性研究。连续承接"十四五""十五五"等相关重要课题,圆满完成中央有关部委交办的改革发展调研任务。

中信基金会深耕特色研究领域,包括香港治理、国企改革发展、科技创新、装备制造、金融发展、国际战略、意识形态安全、涉疆和涉藏研究等,主动服务中央决策部门。深入调研我国机床工业现状、面临的形势与问题,有关报告成为强基领域重要参考。承担马克思主义理论研究和建设工程暨国家社科基金重大项目,相关成果得到中央领导肯定性批示。支持香港本土研究团队持续跟踪香港政情社情,推出 4 种港台政情简报,并针对重要问题及时上报专题报告;指导研究团队,就推动《国家安全法》在香港实施提出建议,得到吸纳。设立《舆情观察》《舆情参考》等内刊，跟踪涉及意识形态安全的各类舆情，上报“流量营销”“饭圈”“耽改热”“丁香园等科普公众号资本化”等网络不良风气情况，为决策部门出台管理规定与整治措施提供依据。

截至2024年底，中信基金会累计认领国家高端智库重点研究课题200余项，开展委托课题研究和其他专项研究100余项，支持个人申报课题研究300余项；向国家高端智库理事会提交百余期报告，多篇入选《国家高端智库报告》，通过自有内刊体系上报内刊、港台政情简报和其他专项材料合计1 500余期，各类成果获中央领导批示200余次。

2. 理论创新有贡献

中信基金会努力团结社会科学各领域专家学者建设中国学派，紧密结合中国国情，总结研究中国实践，将中国道路的经验理论化，推动理论创新。首席专家孔丹提出突破西方技术封锁的“举国体制3.0版”构想；提出以国家安全立法和执法为抓手，通过“政治重构、经济重建、人心重塑”建设新香港的战略构想；咨询委员高梁提出“以我为主、自主创新”的科技发展路径；副秘书长王湘穗提出建设“泛亚共同体”构想；咨询委员张文木提出以“守与节制”为原则的中国式大战略思想；咨询委员徐俊忠提出“人民政治”概念等，得到上级领导肯定，产生积极影响。

中信基金会出版发行中国道路丛书、中国学派集成丛书等书籍60余种，支持中国学者原创性理论成果，推动社会化传播。王绍光的《中国崛起的世界意义》被评为2020年度中国好书，朱云汉的《全球化的裂解与再融合》入选中宣部出版局“奋进新征程　建功新时代”推荐书目并于2023年获中华优秀出版物奖，贾康的《中国改革真命题》是“十四五”时期国家重点出版物出版专项规划项目，李希光的《文明的互鉴》获国家出版基金支持。同时,积极推动中国学者著作在海外发行,王晓泉的《中俄能源行业发展与务实合作研究》在俄罗斯出版;王湘穗的《中国奇迹的奥秘》在欧美出版英文、法文版;中信基金会出版部出版的《中欧班列》在欧发行德文版等。

3. 舆论引导有作用

中信基金会不断加强智库传播能力建设,对内凝聚社会共识,对外推动话语创新,讲好中国故事、传播好中国声音。指导发行专业期刊《经济导刊》,广泛宣传党的政策与国家发展成就,深入分析政治经济社会各领域难点热点问题,着力推介王湘穗、王绍光、李玲等中国学派代表,努力改变盲目推崇西方理论的风气,推动构建中国特色社会主义话语体系。

中信基金会与有关中央媒体紧密合作,组织专家做好中国话语和中国叙事体系的基础研究,用中国理论阐释中国实践,用中国实践升华中国理论,向世界展示全面立体真实的中国,展现可信、可爱、可敬的中国形象。召开理论研讨会,积极探索对外话语体系建设,打造融通中外的新概念、新范畴、新表述;制作专家访谈英文视频,对外宣传阐释习近平新时代中国特色社会主义思想。

中信基金会重视舆论斗争,在西方借“方方日记”对我舆论围攻、抹黑新疆对我人权攻击等重大舆情中,旗帜鲜明地批驳错误观点,积极正面引导舆论。2022 年,中信基金会内刊发表王海运文章《俄罗斯为什么不会软下去倒下去》,经外交部领导批示,用于公开宣传,发挥舆论引导作用。

4. 公共外交有特色

中信基金会自觉服务国家战略,与俄罗斯、美国、韩国、缅甸等多国智库建立常态化交流合作机制,形成一定对外影响力。

对俄方面，中信基金会致力推动中俄新时代全面战略协作伙伴关系发展，2019 年成立中俄战略协作中心，与俄罗斯瓦尔代国际辩论俱乐部、俄联邦公众院、俄罗斯欧亚国际运动、莫斯科国际关系学院等俄知名智库开展深入合作，涉俄相关研究成果丰硕，有效服务中央对俄政策的制定与实施。创办国际会议品牌“中信基金会—俄罗斯瓦尔代国际辩论俱乐部联合研讨会”，截至目前已举办四次，以直播方式收看的俄罗斯专家万余人次，在俄形成较大影响力。对美方面，中信基金会长期与美中跨太平洋基金会合作，接待美国知名人士、美国国会议员助手团访华，举办二轨对话，推动中美之间交流互信。对韩方面，2018 年创办中韩元老对话会，连年组织中韩政、商、学界知名人士就中韩加强多领域合作展开研讨。此外，中信基金会积极参与“一带一路”国际合作高峰论坛，逐步拓展与共建“一带一路”国家智库和有关机构的交流，推动文明交流互鉴。

5. 社会服务有质量

中信基金会始终坚持社会组织非营利属性，积极承担社会责任，服务社会。持续面向高校和社会举办中国道路系列讲座 100 余期，帮助青年师生和社会各界青年开拓视野，树立振兴中华的责任感。

中信基金会自 2017 年起面向高校新闻传播学青年教师和新闻从业者连续举办 7 期中国特色新闻学高级研讨班，培养中国特色新闻学青年理论骨干，创新马克思主义新闻理论与实践，不断发展壮大正能量队伍，迄今已有 500 余人次参加培训。资助出版一批中国特色社会主义新闻理论丛书，推动新闻领域中国学派的发展。

中信基金会连续多年以奖学金的形式资助优秀在校研究生、大学生 240 余人，为发展中国学派积蓄后备力量。在接受奖学金的学生中，吐尔孙·艾拜涉疆网络研究得到肯定和应用,然衣拉·阿不力肯木《我愿意为我的国家——中国发声》一文广泛传播,产生了良好的社会影响。

(四)下一步发展的思路与展望

1. 加强核心团队建设,稳定人才骨干力量

继续探索中国式"旋转门"机制,增强基金会核心竞争力。加大力度从中信集团内部和社会严格筛选退出现职、理实交融的专家入会,充实专家队伍。依托中信集团适当增加专职人员,保持研究队伍专兼职结合,提升队伍稳定性。围绕主攻方向与决策需求配置学部力量,优化队伍专业结构。

2. 完善研究机制,提升咨政建言能力

聚焦中央决策急需,找准研究方向与研究重点。紧跟中央战略部署,发挥基金会研究专长,秉承数量适中、质量优先的原则,积极认领完成国家高端智库重点研究课题。加强与国家高端智库理事会秘书处沟通,通过调研加深对中央决策急需的理解,提高《国家高端智库报告》刊发率。

加强课题管理,提高成果质量。发挥首席专家引领作用和学术委员会把关作用。继续大力倡导"三真"学风,鼓励专家切入实际。健全研究工作专班,有效指导研究团队。

进一步加强合作研究,丰富研究成果。保持与各兄弟智库、智库联盟的密切联系,加强与中信系统内其他研究部门的协同,推动联合研究

与信息共享，集聚不同研究专长，推出高质量研究成果。

加强研究平台建设，充分发挥各研究中心独特优势。基金会下设9个研究中心为平台，开展问题导向的专业化研究。建强平台工作班子，强化平台研究方向和研究课题把关；建好平台研究队伍，不断提升研究实力；加大平台服务支持，保障高效平顺运转；促进平台业务协同，产出高质量跨领域成果。

3. 以决策部门交办任务为抓手，提升服务决策效果

做好国家高端智库秘书处交办任务。在现有框架下深挖潜力，提升短平快项目参与度，提供高针对性、实效性研究报告。邀请各相关部门参与基金会重大研究活动，使其充分全面了解基金会工作情况，深入指导研究开展。

做好对中央决策部门的支撑服务。强化与决策部门的常态化沟通机制，聚焦“国之大者”，坚持问题导向，瞄准各领域重大理论和现实问题，继续以专项资金支持特色研究团队，加强有关领域研究的组织化、系统化，高质量完成交办课题研究，落实咨政建言使命任务，为中央重大工作部署提供决策参考。

4. 加大国内外传播力度，提升社会影响力

办好各类公开出版物，努力传播中国学派。一体策划、一体推动《经济导刊》、中国道路出版工程等重要对外发声平台。坚持正确立场，秉持现有风格，提高《经济导刊》可读性，拓宽研究视角。继续系列出版中国道路和中国学派集成丛书，并推动海外发行；引进有价值的国外著述，尝试与国外学者合作著述。加大对外发声力度，推行丛书多语种译本，适时推出微视频等内容衍生品，提升传播效果和力度。

密切与有关中央媒体的外宣合作。深入贯彻习近平总书记重要指示精神,充分发挥各方优势与潜能,围绕基础性、斗争性、共通性和引领性话语,进一步加强政治话语体系建设,对外宣介好中国思想、中国理论、中国实践。加强与其他主流媒体联系,拓展传播渠道。围绕国际舆论重大和热点问题策划议题,突出中信基金会在经济、中美、中俄、香港等研究领域优势,构建相关话语体系。

5. 大力开展公共外交,不断加强国际影响力

增进国际智库交往,完善合作机制。按照国家高端智库秘书处要求,组织专家赴美、俄等国开展调研,了解当地政治、经济、社会发展真实情况。积极开展国际智库交流,围绕绿色金融、可持续发展等共通性话题,增进理解,推动合作。

打造具有国际影响力的品牌论坛。在既有国际智库资源基础上,围绕国家重大战略构想,在"全球发展倡议、全球安全倡议、全球文明倡议"框架下创办国际品牌论坛,扩大国际影响力。

6. 加强内部治理,实现高效运转

进一步探索体制机制创新。积极发挥中信基金会社会组织和企业智库体制优势,强化内部管理,加强保密管理和组织保障,不断完善奖励激励机制,促进改革创新突破性探索。

加强信息化建设。从办好门户网站、制作宣传片和建立专家人才库三方面加强信息化建设。通过优化计算机办公系统,实现办公自动化,提升工作效率。

三、中国国际工程咨询有限公司：国家重大战略咨询的服务者

（一）中咨公司基本情况

中国国际工程咨询有限公司（以下简称中咨公司或公司）成立于1982年，伴随着改革开放应运而生，伴随国家基本建设成长壮大。经过40多年的发展，公司已经发展成为国家高端智库建设培育单位和国内规模最大、实力最强的综合性咨询机构，是唯一拥有国家发展改革委全部22个专业领域评估资质的咨询机构，业务覆盖经济、社会及国防、军工各领域，业务类型包含政策研究、规划咨询、项目评估、工程管理、管理咨询、后评价以及全过程咨询，形成了贯穿投资建设全过程的"6＋1"业务形态，服务对象包括国家各部委、中央军委各部门、地方政府、大型企业及金融机构等各类客户2万余家，在国家经济社会发展和国防建设中发挥着独特的参谋作用。截至2024年底，累计完成各类咨询任务13万余项，涉及投资规模超过180万亿元。从三峡工程到西电东送、从京沪高铁到平陆运河、从西气东输到南水北调、从首都新机场

到港珠澳大桥、从天眼到北斗、从战机航母到载人航天，中咨公司秉持“公正、科学、可靠、敢言、多谋、慎断”的中咨精神，护航“国之重器”，使项目方案更加优化、产业布局更加合理、投资更加有效。2022 年 6 月，公司成立 40 周年之际，时任中央政治局常委、国务院副总理韩正在公司主持召开座谈会，强调中咨公司要加快建设国家高端智库和世界一流咨询机构，更好履职尽责，为国家发展做出更大贡献。公司认真落实中央领导指示精神，进一步明确了“国家高端智库和世界一流咨询机构”战略目标，并以此为出发点，制定了新时期引领公司高质量发展的“五五战略”。

（二）中咨公司智库发展历程

建设国家高端智库一直是中咨公司的初心和使命。40 多年来，公司以工程咨询起家，逐步形成“智库＋咨询”这一具有鲜明中咨特色的智库建设模式。

1. 历史性地成为经济建设领域决策科学化民主化的先行者

改革开放初期，宋平同志在美国考察期间，发现兰德等咨询公司在国家治理中发挥了巨大作用，回国后便提出组建中咨公司的想法，得到党中央、国务院的大力支持。1985 年，在宋平同志的建议和推动下，原国家计委报送了《关于加强中国国际工程咨询公司的报告》，明确指出对大中型基建项目和限额以上技改项目要按照“先评估、后决策”的原则，由中咨公司对可研报告及工程设计进行评估。这既是国家项目决策程序的重大改革，也赋予了中咨公司国家智库的历史使命。

1992年后，为了适应我国社会主义市场经济体制的新形势，国家计委的职能开始由计划管理向产业政策和规划管理转变，中咨公司在继续做好国家重大项目咨询评估工作的同时，也开始逐步加强宏观专题研究，完成了一系列行业和地区发展规划的编制与咨询评估任务，一大批研究成果得到中央高度重视。1998年，朱镕基等中央领导要求公司加强宏观问题和重大政策研究，更好地为国家决策服务。公司开始对事关国计民生的重大政策、重大项目提供咨询意见，智库属性得到进一步增强。

2. 走出一条“智库＋咨询”的中国特色道路

中咨公司始终把推动落实国家战略作为历史使命，把自身发展融入国家战略，在服务社会主义现代化的伟大进程中体现智库价值。2010年，公司提出建设“国家经济建设思想库和工程咨询行业领先者”的战略构想，开始就综合性、宏观性以及中央关心的热点难点问题开展研究，向中央决策机构报送政策建议。为落实中央加强中国特色新型智库建设和促进咨询业高质量发展的要求，公司在“十四五”发展规划中旗帜鲜明地将建设“国家高端智库和世界一流咨询机构”明确为发展战略。2022年6月，经中央批准，中咨公司成为国家高端智库建设培育单位。

（三）中咨公司智库建设的主要做法

中咨公司作为唯一整体入选国家高端智库的中央企业，深入贯彻落实党中央要求，坚持宏观战略、中观产业、微观项目“三位一体”开展智库建设，逐步形成中咨特色。

1. 建立了实体性智库建设统筹机构

公司成立了统筹高端智库建设的专门机构——中咨战略研究院，由公司主要负责人担任院长。研究院下设综合研究机构和专业研究机构，以服务党和国家科学民主决策为宗旨，围绕经济社会、国防军工、“一带一路”三大领域的高质量发展开展基础性、前瞻性、战略性研究。2024 年，中咨公司加快推动战略研究院实体化运作，组建了国际问题研究中心、宏观经济研究中心、现代化产业体系研究中心、战略与区域发展研究中心、重大工程价值研究中心等 5 个综合性研究中心，聘任知名专家学者、退休的政府高级官员担任研究中心主任，采取更加灵活的方式开展专题研究。

2. 形成了多元化成果体系和成果报送发布平台

2010 年以来，公司陆续与多个中央决策机构建立专门报送渠道，将决策咨询成果第一时间报送党中央、国务院。其中，《中咨专报信息》是公司核心智库产品，是报送决策咨询成果的主要载体，目前已上报千余篇；《中咨智库观察》《国际内参》及时编译刊载最新智库成果，是公司打造的观察国际知名智库和专家学者最新研究成果的窗口。此外，公司还设立中咨智库、中咨研究等公众号，主办《中国投资》等专业刊物，定期发布研究成果，形成研究成果对外传播矩阵，有效提升了公司智库研究影响力。近年来，公司还举办多场高层次专业论坛，邀请部委领导和具有较高社会知名度的专家学者就热点问题开展研讨并形成成果发布，不断扩大社会影响力。

3. 建立了一支层次较高的综合性智库团队

公司智库建设得益于高素质的人才队伍和丰富的专家资源。公司现有从事高端智库建设和咨询工作的研究人员约 1 300 人，硕士研究生及以上学历占 95%。高级技术职称占比超过 70%，获得各类资质人数占比达到 50%，30 人先后获得国务院政府特殊津贴。同时，公司借助社会力量构建了庞大的专家队伍，建立了有 5.4 万名各领域、各层次专家的专家库，其中常用专家 2.1 万名。公司还注重加强领军人才队伍建设，内部选配首席专家；加强骨干人才队伍建设，通过内部遴选和人才引进等方式，专职与兼职相结合，内部与外部相结合，建设稳定的研究团队；用好博士后工作站和卓越工程师学院，形成“首席专家＋专职人员＋兼职人员＋博士后”的内部专家网络。

4. 不断健全完善专家工作组织保障和制度建设

近年来，中咨公司进一步完善符合高端智库发展规律和公司实际的新型组织平台和运行体系，设立专家学术委员会办公室，助力高端智库建设。2023 年 9 月，公司专家学术委员会完成换届，聘请原铁道部副部长、中国工程院工程管理学部主任卢春房院士为主任。新一届专家学术委员会由 308 位委员组成，包括原省部级领导和院士 37 人，设立了农业农村、基础设施、产业发展、社会事业、绿色低碳、国防工业、国际合作等 11 个专业委员会。公司还陆续完善了《专家学术委员会章程》等制度，更好地发挥专家对高端智库建设的支撑作用。

5. 初步建立了具有中咨特色的数智化平台

党的十八大以来，中咨公司认真落实党中央、国务院战略部署和国资委工作要求，积极探索数智化转型之路，建设符合中国国情的宏观分析、产业分析、战略规划分析等支撑国家经济社会高质量发展的方法模型系统。目前，中咨公司重点采用人工智能、大数据、知识图谱、数据治理等新理念和技术构建数据库,通过高水平汇聚国民经济数据、行业数据、区域数据、企业数据、政策法规数据等,并与公司40多年服务国民经济建设和投资决策形成的知识体系有机结合,形成支撑业务运行的数据底座,打造"AI咨询实验室",搭建用于产业分析和业务咨询的数智体系,着力构建重点工程项目布局决策系统、产业分析系统、全过程咨询共享系统、协同设计系统、重大工程项目信息管理服务系统等。

6. 与国内外知名智库机构加强学术交流

近年来,公司与中国工程院、中国社会科学院、中国宏观经济研究院、中国现代国际关系研究院、中国国际问题研究院、军事科学院、新华社、清华大学、中国人民大学、上海社会科学院、中国宏观经济学会等国家高端智库和知名研究机构开展战略合作,通过课题研究、联合党建、学术研讨等多种形式加强交流。公司还积极与欧美智库加强联系,不仅多次赴欧美知名智库进行学习考察,还邀请美中关系全国委员会、亚洲协会政策研究所等美国知名智库学者举行座谈交流。

(四)服务国家重大战略的领域及成效

中咨公司在开展国家高端智库建设的同时,还积极承担国家重大战略、重大规划、重大政策、重大工程的咨询评估工作,这也是中咨公司结合主责主业开展国家高端智库建设的一种特色实践。公司承担的咨询评估任务往往内容复杂、投资巨大,事关国计民生,涉及众多利益群体。公司在发挥专业综合优势的基础上,通过科学方法进行评估论证,敢于做出正确判断、承担咨询责任，体现了使命担当。

1. 支撑国家重大工程建设

公司始终以高质量咨询服务助建“国之重器”，近年来承担了国家“十四五”规划重大工程实施情况、“两重”“两新”项目以及南水北调、西气东输、西电东送、川藏铁路、港珠澳大桥、深中通道、三峡水运新通道、平陆运河、大型核电、大型水电等一大批国家重大工程项目的咨询评估任务。

2. 服务高水平科技自立自强

科技创新是推进中国式现代化建设的重要支撑。近年来，公司开展了重大科技基础设施、集成电路、东数西算、人工智能、量子通信、北斗应用、高端仪器、先进制造业和现代服务业等方面的评审论证。

3. 推进国家重大区域战略实施

公司积极参与京津冀协同发展、西部大开发、东北振兴、成渝地区双城经济圈、海南自贸港、雄安新区等区域重大项目咨询，承担了长三角一体化和黄河流域高质量发展重大项目库遴选工作。2023 年以来，陆续开展了长江、黄河流域以及粤港澳大湾区等重点区域规划实施情况的咨询评估工作。

4. 积极响应“一带一路”倡议

近年来公司围绕“一带一路”加大服务力度，完成各类咨询任务近千项，其中国家规划和政策研究近百项、双边与多边合作规划 100 余项、项目咨询论证 500 余项，例如开展了“一带一路”基础设施合作高质量发展、境外经贸合作区高质量发展等专题研究,参与起草了“一带一路”重大投资项目认定和管理办法等。还承担了中老铁路、亚吉铁路等项目全过程管理,援柬埔寨综合交通规划、援冈比亚电力项目得到高度评价。

(五) 开展国家高端智库建设的主要路径

1. 聚焦核心功能

中咨公司坚持以服务党中央、国务院科学决策为核心功能不动摇,日常工作中不断加强与中央决策机构的联系,坚决完成交办任务。聚焦中央关心的重大问题、经济社会发展中的难点问题,不断加强战略性、前瞻性课题研究,形成高质量研究成果支撑中央决策。截至2024年底,已向党中央、国务院报送千余篇决策咨询报告,《中咨专报信息》《中咨智库观察》等刊物已形成品牌。

2. 强化组织保障

为高质量做好智库建设工作,公司于2016年6月设立战略研究院,作为公司开展国家高端智库建设的统筹单位。2024年9月,公司制定了进一步加强战略研究院的方案,建设符合高端智库建设规律的新型组织平台和运行体系,有效推进资源整合、联合协作、人才建设,组织开展重大课题研究,产出高水平智库成果。

3. 加强调查研究

调查研究始终是中咨公司做好智库建设的立身之本。近年来,公司无论在智库建设还是咨询工作中都大兴调查研究之风。特别是在组织开展重大研究课题和评估工作时，公司高度注重发挥调查研究基础性、实践性、贯穿性的重要作用，动员相关研究力量赴多地开展调研座谈，真正把情况摸清、把问题说透、把意见建议讲准。

4. 开展专业协作

公司研究领域覆盖经济社会和国防建设各领域，能够高质量开展综合性、战略性、跨领域、跨行业的重大研究任务。公司制定了管理办法鼓励各单位密切协作。牵头单位负责策划总体工作方案、组织实施、完成总体研究报告等工作。协作单位按专业任务分工，负责策划相应子任务工作方案并组织实施。

5. 完善流程管理

为提升智库建设质量和研究成果质量，公司打造了“六审一编一校”的管理流程，形成了业务部门、研究部门、战略研究院、业务分管领导、智库分管领导、董事长全链条参与智库建设的良好氛围，全员推动高端智库建设。此外，公司还在人才培养、考核激励、经费保障、科研管理等方面出台了系列规章制度和工作方案，制度化、体系化推动高端智库高质量建设。

（六）开展国家高端智库建设的基本经验

中咨公司在以咨询工作服务国家战略的过程中，积极将新发展理念落实到具体实践中，有效发挥了咨询在建设现代化强国中的重要作用，推动经济社会高质量发展迈上新台阶。

1. 坚持创新发展

习近平总书记强调,工程科技进步和创新将成为推动人类社会发展的重要引擎。任何一个领域的重大工程科技突破,都可能为世界发展注入新的活力,引发新的产业变革和社会变革。中咨公司秉承“服务国家、奉献社会”的使命,始终将创新理念融入咨询实践中,不断推进理论创新、方法创新、实践创新,充分发挥工程作为创新主战场的作用,在工程咨询中推动技术创新、成果转化,将最新的前沿技术、工艺等推广和应用到工程实践中,为经济社会高质量发展提供全方位全过程的工程咨询服务,在经济社会发展、重大工程建设、产业链供应链构建中发挥更大作用。例如,在参与服务重大科技基础设施建设、国家先进仪器设备制造、国防科技工业发展、航天强国工业体系构建等一大批国家重大科技项目中,坚持世界眼光,重视创新思维,不断突破自我,破解了一个又一个“老大难”,攻克了一个又一个“拦路虎”,大大提升了国家创新体系整体效能,为推动形成具有全球竞争力的开放创新生态添砖加瓦。

2. 坚持协调发展

习近平总书记指出,协调发展既是发展手段又是发展目标,是发展平衡和不平衡的统一,是发展短板和潜力的统一。中咨公司在咨询实践中坚持协调发展理念,牢牢把握中国特色社会主义事业总体布局,坚持处理好城乡间、区域间以及经济建设和国防建设间的关系。重点促进经济社会协调发展和新型工业化、信息化、城镇化、农业现代化同步发展,统筹实施重大战略、重大规划、重大工程,协同推进产业、基础设施、公共服务、生态保护、生产力等空间布局,助力推进城乡融合和区域协调发展,不断增强发展的整体效能。例如在承担京津冀协同发展、长江经济带、黄河流域、粤港澳大湾区、海南自贸区、雄安新区等规划咨询时，立足城乡区域发展不平衡不充分的实际，不断优化产业发展、基础设施、公共服务、生态保护、重大生产力等空间布局，助力构建优势互补、高质量发展的区域经济布局和国土空间体系，促进各类要素合理流动和高效集聚，着力提高资源配置效率和经济自组织能力，不断增强发展的整体性和协调性。

3. 坚持绿色发展

习近平总书记强调，要建立绿色低碳发展的经济体系，促进经济社会发展全面绿色转型。中咨公司以绿水青山的守护者、金山银山的建设者为己任，在工程咨询中坚持贯彻绿色发展理念，坚持节约资源和保护环境的基本国策，切实把国民经济建设和重大工程建设活动限制在自然资源和生态环境能够承受的限度内，用最少的资源环境代价取得最大的经济社会效益，实现经济发展和人口、资源、环境相协调，促进人与自然和谐共生。近年来，围绕生态领域全链条、全方位、全过程咨询服务打造核心竞争力，致力于建设国家绿色发展和生态文明建设的新型高端智库，在助力实现“双碳”目标、推动环境资源法立法、碳达峰试点城市和试点园区方案研究、国家公园规划编制、自然保护地体系建设规划研究等方面承担了一大批相关咨询业务，成为国家生态文明建设和“双碳”顶层设计的重要推动者，为推动形成人与自然和谐发展的现代化建设新格局贡献了中咨力量。

4. 坚持开放发展

习近平总书记指出，工程科技的灵魂在于开放，提高工程科技发展国际化水平已成为各国推动工程科技创新的普遍共识和重要手段。中咨公司一经诞生就胸怀“国之大者”,坚持开放发展理念,顺应我国经济深度融入世界经济的趋势,主动顺应经济全球化浪潮,坚持开放创新,注重国际合作,借鉴发达国家经验做法,学习国际先进技术理念,推动工程技术进步,提升工程咨询水平。近年来,中咨公司在更高水平上开展工程咨询创新合作,积极参与关于未来发展、人类健康、应对气候变化等国际重大科技合作工程,推动共建“一带一路”高质量发展,充分发挥工程咨询作为参与全球治理重要载体和平台的作用,推动完善更加公平合理的全球经济治理体系。例如,在咨询服务中牢牢把握国家“走出去”战略的核心要求,围绕“一带一路”产业布局、产能合作、基础设施建设等领域率先提供咨询服务,聚焦中老经济走廊、孟中印缅经济走廊、中泰铁路合作、境外合作园区、埃塞产能合作、瓜达尔港建设等方面积极开展政策研究。中咨公司在加快推进国际化进程中始终不改服务国家的初心,为共建“一带一路”高质量发展提供了有力支撑。

5. 坚持共享发展

习近平总书记指出,改革发展搞得成功不成功,最终的判断标准是人民是不是共同享受到了改革发展成果。中咨公司在咨询实践中贯彻共享发展理念,不仅把咨询重点放在市场研究、方案论证、效益测算以及风险评价等方面,还坚持以人民为中心,重点考虑人民诉求,高度关注民生福祉。在工程谋划、设计、建设、运营过程中贯彻以人为本的指导思想,助力解决人民的衣食住行、教育、医疗、养老等问题,在重大工程建设和经济社会发展中保障和改善民生,让广大人民群众享受到社会主义现代化建设中的更多成果。例如,在革命老区、民族地区、边疆地区、欠发达地区、资源型地区等特殊类型地区振兴发展中,在脱贫攻坚、易地扶贫搬迁、以工代赈、消费扶贫、乡村振兴等规划咨询评估实践中，坚持以人民为中心的发展思想，通过座谈访谈、问卷调查、走村串户等方式，摸清百姓诉求、聆听人民呼声，顺应人民群众对美好生活的向往，让广大人民群众从国家工程项目中得到更多获得感、幸福感，让发展成果更多更公平惠及全体人民。

（七）下一步发展的思路与展望

当前，国内外形势依然复杂严峻，世界变乱交织，百年变局加速演进，不稳定不确定因素增多。党中央、国务院在应对一些热点难点问题时迫切需要智库开展深入、系统的研究，提出切实可行方案，支撑科学决策。下一步，中咨公司将按照党中央指示要求，把建设国家高端智库和世界一流咨询机构作为一项系统工程抓紧抓好，把智库建设和咨询工作拧成一股绳，以传统咨询评估业务为基础打造高端智库，通过高质量智库成果提升决策影响力进而提升社会影响力，不断探索具有中咨特色的智库建设路径，更好地服务国家战略和中国式现代化建设。

四、国泰君安研究所：券商研究智库的引领者

国泰君安证券股份有限公司(以下简称国泰君安证券)研究所作为中国证券行业最早成立的专业研究机构，30 年来始终站在市场前沿，以专业审慎的研究、开放包容的视野和洞见未来的智慧，打造成为具有中国特色和时代特征的券商研究智库，为更好地服务国家战略和上海发展贡献智慧和力量。从宏观经济形势到微观主体行为，从市场趋势研判到投资策略制定，从深耕国内市场到走向国际舞台，国泰君安证券研究所不断升级研究体系、夯实智库职能，为政府、企业及投资者提供投资决策研判与智力支撑。

(一) 智库发展概况

1. 机构定位

国泰君安证券研究所成立于 1995 年，作为中国证券行业最早设立的研究机构之一，始终保持行业领先地位，见证并推动了中国资本市场

的改革与发展。自成立以来，研究所致力于构建适应中国资本市场的研究体系，不仅推动了证券研究行业的规范化发展，还培养了一大批优秀的金融研究人才，一众研究人员成为业内顶尖分析师、基金经理，甚至上市公司高级管理人员，为行业发展贡献了重要力量。

研究所始终秉承“客观公正、专业创新、以客户为中心”的研究理念，坚持以客户需求为导向，紧密围绕宏观经济、产业企业、资本市场、投资策略等核心领域，提供专业化、系统化、前瞻性的研究支持。通过建立“宏观—策略—行业—公司”的全方位研究框架，不仅让研究所在市场研判能力上有所提升，还为政府、企业及投资者的决策提供了强有力的智力支持。

作为国泰君安证券智库的核心载体，研究所在夯实专业能力的基础上，不断创新研究范式，扩大服务客群范围，并将境外资本市场研究纳入其中；紧跟金融科技发展步伐，强化数据驱动与智能应用，持续提升市场研判的科学性和研究观点的实用性，助力推动我国实体经济高质量发展，增强我国金融体系在国际市场的竞争力。同时，研究所积极推动 ESG（环境、社会及治理）研究及体系建设，强化自身社会责任担当，在市场上引导长期投资理念，促进我国资本市场可持续发展。

近年来，研究所全面提升研究深度与广度，积极参与注册制改革、科创板建设、金融标准制定等重要议题，联合国内外顶尖机构推出系列产业发展白皮书，并拓展国别研究范围积极服务“一带一路”建设。通过整合研究资源、优化服务模式，研究所不断提升研究质量和市场影响力，进一步巩固其在国内外券商研究领域的领先地位。

2. 智库发展历程

(1) 发展历程

第一阶段(1995—2011 年)：奠定基础，构建证券研究体系。研究所于1995年正式成立,初步构建起涵盖宏观经济、行业分析、公司研究等在内的基本面研究体系。此阶段研究所的主要任务是为公司内部业务提供研究支持,研究重点在于经济数据分析、市场趋势追踪及上市公司财务研究,为资本市场的投资活动提供专业支持。随着证券市场逐步成熟,研究所不断扩展研究覆盖面,持续提升研究的深度、广度和完整度,以便提供更为精准的分析研判。

第二阶段(2012—2017年):逐步完善,树立行业品牌标杆。2012年起,研究所逐步完善研究体系,将预期思维融入研究理念和研究方法,并且把哲学思想引入研究方法论,在行业内形成了深入人心的综合性证券研究概念与理论。同时,研究团队在数据分析、建模、量化研究等方面投入更多资源,提升研究的科学性与前瞻性。研究所的研究成果在市场上获得高度认可,在行业奖项评选、市场影响力等方面取得突破性进展,并多次荣获新财富最佳分析师评选、卖方分析师水晶球奖等业内重要奖项。研究所的研究体系进入成熟期,并确立了在国内证券研究领域的领先地位。

第三阶段(2018年至今):扩展延伸,打造高端智库平台。2018年,研究所产业研究中心成立,其依托于研究所深厚的研究积累,功能定位为服务于私募股权投资的产业研究。2024年底,产业研究中心、公司战略发展部政策研究院及创新投资公司研究院正式调整合并为政策和产业研究院,大力发展产业研究、政策研究和国别研究。其中,产业研究旨在聚焦重点产业,前瞻研判技术进步方向和产业投资机会,打造覆盖企业全生命周期的产业研究体系,对内服务公司投行投资等业务需求,协同研究所服务金融机构、政府部门及产业客户。政策研究旨在开展关于国家和区域重大战略、"金融强国"建设、资本市场高质量发展等议题的深度研究,服务公司内部决策及政府部门、行业监管机构和产业客户等的研究需求,促进政策制定者与市场参与者之间的有效对话与信息交流。国别研究旨在助力完善公司海外布局、提升公司国际竞争力和影响力，赋能跨境一体化发展，有力支持国内企业“走出去”和境外资本“引进来”。

（2）发展方向

一是提升智库研究能力，助力新质生产力发展。研究所将基于对新质生产力内涵与外延的深刻理解，加强对国内外科技前沿领域的跟踪研究，主动研判新质生产力的发展方向，积极参与构建有利于新质生产力培育与发展的良好环境，为政府、企业及投资者提供前瞻性战略指导和针对性对策建议。

二是加强全球市场覆盖，赋能资本跨区域流动。研究所将加强对境外资本市场的跟踪分析，积极覆盖港股、美股及新兴市场，为境内外投资者提供全球化、多元化投资视野。同时，优化出海研究服务体系，为境内企业出海“一带一路”沿线、东盟等重要区域提供一体化方案支持。

三是共建深度融合生态，彰显智库成果影响力。研究所将加强与政府部门、金融机构、产业企业及各类合作伙伴的信息共享与业务合作，构建“政产学研金服用”深度融合的生态系统，通过供给更多元化、精准化的研究产品和服务，支持公共政策实践落地，推动跨领域合作创新突破，加速合作成果应用转化，在这一过程中充分彰显了智库的品牌力和影响力。

（二）组织架构与能力建设

1. 研究模块

研究所依据资本市场的发展需求，建立起基础研究、产业研究、财富研究、研究销售、管理支持五大研究模块。这些模块既独立履行职能,又通过跨模块协同合作,构建全方位、多层次的研究服务体系,以满足机构投资者、产业客户、政府部门等不同客户群体的个性化研究需求。

一是基础研究模块:全面覆盖证券研究领域。基础研究模块是研究所的核心功能载体之一,专注于宏观经济、市场策略、行业研究和公司研究,为投资者提供体系化的市场分析和投资决策支持。研究团队下设总量研究、配置研究、金融研究、消费研究、科技研究、医药研究和周期研究等 7 个大组,覆盖 40 多个研究领域,形成了完备的全行业研究体系。目前,研究所已覆盖千余家上市公司,通过深入的基本面和行业比较研究,挖掘投资机会,优化资产配置建议。

二是产业研究模块:支持一级市场与政府资讯研究。产业研究模块重点关注科技创新、产业结构升级与产业链整合,聚焦半导体、生物医药、先进制造、新能源等战略性新兴产业,研究政策取向、产业趋势及投资机会。不同于传统研究所侧重的二级市场研究,该模块围绕 IPO、股权投资、并购重组等一级市场业务,助力公司投行投资部门业务拓展。此外,团队积极与政府部门、行业协会、科技园区、大型机构合作,提供专业的产业规划咨询服务,推动各类资源向新兴经济高效配置,促进经济社会高质量发展。

三是财富研究模块:赋能财富管理与资产配置。财富研究模块面向财富管理客户和零售客户,构建了完整的大类资产配置研究体系,包括主动配置、被动配置、基金配置、量化策略和 ETF 配置,专注于资产配置策略、固定收益产品分析以及财富管理趋势研判。此外,研究所还构建了首席投顾培养体系,按照业务类型分为首席证券投顾、首席理财投顾、首席 ETF 投顾和首席固收投顾,持续丰富投顾供给结构,为公司成为市场财富管理转型领军者提供助力。

四是研究销售模块：推动研究成果市场化应用。研究销售模块负责覆盖公募基金、私募基金、保险资管、银行理财等机构投资者，着力推动研究成果与市场需求的精准衔接。该模块通过定制化路演、深度调研及专题讨论会等多元化服务形式，与客户构建长效合作机制，持续提升研究成果向市场价值的转化效能。同时，团队持续监测机构投资者需求变化，建立动态信息传导机制，及时反馈市场最新动态，为研究团队把握市场脉搏、优化研究方向提供决策支撑。

五是管理支持模块：确保研究质量与合规管理。管理支持模块承担研究质量控制、合规管理、数据安全等职能，确保研究成果的科学性、精准性及市场适用性。研究所建立了严格的审核机制，涵盖研究报告审核、数据验证、市场反馈优化等多个环节，确保研究质量。同时，该模块负责合规管理，确保研究业务符合金融监管要求，并优化研究成果发布的工作流程，提高整体运营效率。

2. 能力建设

研究所依托上市公司数据库、市场数据平台、智能化研究工具等持续提升研究服务质效，汇聚了丰富多样的研究数据，并借助智能搜索引擎、精准分类标签、个性化推荐算法等技术工具，实现信息的快速检索、精准定位与定向推送，确保使用者可迅速获取所需资源，促进成果流通与利用。

截至 2025 年 3 月，研究所已覆盖超过 1 000 家上市公司，涵盖 A 股、港股、美股等市场，涉及公司财务状况、盈利模式、市场竞争力、行业地位等信息。研究团队结合财务模型、行业对比、市场竞争力分析等方法评估企业投资价值，通过研报发布、深度路演等形式为机构投资者提供投资决策支持。此外，研究所利用市场数据平台动态监测宏观经济、市场流动性、资金流向、政策变动等关键指标，提升市场趋势预判能力，并借助大数据、人工智能等技术构建行业高频数据监测工具，共同赋能投资组合策略的优化。

（三）育才机制与生态建设

1. 人才培养机制

研究所始终坚持“人才是研究服务的核心竞争力”的理念，致力于构建科学完备的人才培养体系，确保研究团队具备扎实的理论基础和卓越的市场洞察力。研究所目前建立了多层次人才梯队，涵盖首席分析师、资深分析师、高级分析师、分析师、研究助理等不同职级，并制定个性化职业发展路径助力分析师成长。

研究所高度重视人才的专业能力建设和国际视野培养，团队成员涵盖清华大学、北京大学、上海交通大学、复旦大学、浙江大学、中国科学技术大学、香港大学、新加坡国立大学、东京大学、约翰霍普金斯大学、杜克大学、澳大利亚国立大学、伦敦政治经济学院等国内外顶尖学府的优秀毕业生，覆盖经济学、金融学、管理学、会计学、统计学、数据科学等多个专业领域，其中有相当比例的分析师获得 CFA(特许金融分析师)、FRM(金融风险管理师)、CPA(注册会计师)等国际认证。

为支持研究人员持续成长，研究所设有“导师制”培训机制，即由经验丰富的首席分析师和资深分析师对新进分析师和研究助理进行系统性指导，帮助其精进研究方法、提升研究能力、提高研报撰写水平。此外，研究所还定期举办内部培训、专题讲座、投资策略研讨会等活动，邀请行业领军企业高管和各领域专家学者，带来行业前沿动态分享、近期政策解读和投资策略交流，确保研究能力稳居券商研究行业领先地位。

为帮助研究人员拓宽视野，研究所与国内外金融机构、研究机构、高校院所等开展深度合作，积极鼓励研究人员参与行业学术会议、投资者年会、国际金融论坛等高端学术和业界交流分享活动。此外，研究所还设有严格的绩效考核和晋升体系，基于研究成果的市场影响力、研究报告质量、客户反馈、行业认可度等多个维度，综合评估研究人员工作绩效，并结合考核结果为研究人员制定个性化职业发展路径，助力其在职业发展道路上走得更稳、行得更远。

2. 智库生态建设

研究所持续深化与国内外政府部门、监管机构、科研院所等外部单位的协同，积极构建“政产学研金服用”深度融合的智库生态，不断提升其在经济社会中的影响力。

在与政府部门和监管机构合作方面，研究所长期与国家发展改革委、财政部、国务院国资委、证监会、央行、交易所及地方政府保持紧密合作，围绕产业政策、金融监管、资本市场改革、国资国企改革、“五大金融”等重要议题提供决策咨询服务，尤其是定期为有关部门提供市场研究报告、行业趋势分析、政策建议制定等，助力经济社会的可持续发展。

在与科研院所合作方面，研究所与清华大学、北京大学、上海交通大学、复旦大学、中国社会科学院金融研究所、国家金融与发展实验室等机构建立了长期合作关系，联合开展宏观经济分析、产业趋势分析、金融科技应用等前沿课题研究。同时，研究所设有博士后工作站、实习培养基地，吸引了大批学界人才，并通过学术合作推动券商研究的深层次发展。

（四）市场影响力与成果展示

1. 市场影响力

研究所拥有科学完备、广泛覆盖、跟踪及时的研究产品组合，以及种类齐全的研究报告产品。既有日报、周报、月报等定期产品，又有更新报告、专题研究等不定期产品；既有策略报告、深度报告等重点深入的强调长期战略的研究产品，又有事件点评、投资组合等灵活机动的侧重短期策略的快速反应产品。研究产品覆盖了按中国证监会行业标准划分的全部行业，涉及超千家上市公司，包含 A 股、港股、美股等，每年报告数量约 9 000 篇。

研究所通过路演、电话会议、联合调研、定期投资策略会、专题研讨会等形式，与客户进行研究观点的深度沟通，为客户提供高附加值的研究支持，帮助其优化投资组合、识别市场趋势，每年面向各类客户开展路演 4 万余人次、电话会议千余场、联合调研 400 余场、大型/专题策略会几十场。

在此基础上，研究所依托道合 App 等数字化研究平台，搭建了智能、高效的研究成果传播渠道。通过线上报告推送、研究数据查询、智能问答系统等功能，确保研究成果能够快速触达市场，提高研究所的影响力和客户覆盖度。目前，道合平台用户数已达 7.67 万户，覆盖机构客户达 9 744 家，研究报告的发布量和阅读量近年来显著提升，进一步巩固了研究所作为行业领先研究机构的地位。

2. 行业认可

一是建立了国内领先的质量合规体系。研究所建立了国内领先的质量合规体系，并不断对标国际标准，确保研究活动符合全球资本市场的合规要求。通过完善的制度监管、严格的研究报告质量控制、持续优化的研究合规管理体系，研究所不断提高研究成果的专业性和可信度。

研究所已制定 11 大类 66 项制度，涵盖研究报告审核、研究服务标准、媒体使用规范、合规风控等多个领域，构建起完整、立体的研究管理制度框架，确保研究工作的规范化与系统化。同时，研究所不断优化制度流程，提升研究服务的透明度和公信力，为机构投资者提供可信赖的研究支持。

在研究报告质量控制方面，研究所建立了一套系统化、标准化的审核流程，从数据采集、分析方法、内容撰写、审核管理到最终发布，严格执行质量控制标准，确保研究成果的科学性、准确性和合规性。所有研究报告在发布前，均需经过严格的数据校验、逻辑推演、合规审查等环节，以确保研究内容的严谨性和市场适用性。

得益于严格的质量监管体系，研究所的研究报告错误率连续 3 年低于行业平均水平，研究成果在金融行业和机构投资者中赢得高度认可。研究所始终致力于不断优化合规管理机制，确保研究活动符合国内外金融监管要求，在合规管理、质量控制等方面保持行业领先地位，为资本市场的稳定发展提供高标准的研究支持。

二是赢得了一系列行业奖项。研究所坚持贴近市场、贴近客户，凭借卓越的研究能力和广泛的市场影响力，研究成果受到机构投资者和市场监管机构的认可，在国内外资本市场研究领域屡获奖项。

五、零点有数：数据分析与决策智能的探索者

（一）基本情况与发展历程

1. 零点有数基本情况

零点有数（原零点研究咨询集团，以下简称“零点”）成立于1993年，是源自中国的国际化数据智能服务机构，旗下包括公共事务事业群、商业服务事业群和数据智能事业群。零点累积了自创办以来30多年一手数据收集与处理的经验，支持经济、社会、文化等领域的决策，建立了良好的行业形象和社会声誉。

在公共事务领域，零点一直以“呈现民意，改善民生”为宗旨，为政府、媒体、研究机构等提供最客观的一手调研资料，开展包括营商环境、政务服务、法治建设、知识产权、文化体育等多方面的评估与咨询服务。先后服务过最高人民检察院、中共中央宣传部、中共中央统一战线工作部、中共中央网络安全和信息化委员会办公室、中央机构编制委员会办

公室、中共中央编译局、国家发展和改革委员会、农业农村部、文化和旅游部、商务部、民政部、人力资源社会保障部、司法部、国家税务总局、国家市场监督管理总局、国家知识产权局、国家林业和草原局（国家公园管理局）、国家邮政局、国家文物局、国务院发展研究中心、国务院参事室（中央文史研究馆）等机构，提供了丰富的资政建议。

在商业服务领域，零点聚焦金融、汽车、消费品、房地产等行业，开展品牌定位、市场策略、消费者行为习惯研究等方面的咨询业务，为行业内各机构提供了高质量的决策建议。

在数据智能领域，零点不断整合移动互联网、人工智能、云计算、物联网等领域新技术，将多源数据与公共事务和商业服务的垂直行业场景结合，运用行业内专业知识积累，实现“经验模型化，模型算法化，算法软件化”，推进决策科学化、服务高效化。

秉持着“先锋主义、专业主义、长期主义”的价值观，零点在公共事务、商业服务和数据智能领域不断探索，用专业分析的能量，助力领导者决策更有数，通过富于洞见、乐于协力、追求卓越的知识服务团队，努力建设成为数据分析与决策智能业的中国典范。

2. 零点有数发展历程

零点成立 30 多年来，从调查起家，重视数据分析，深耕公共事务和商业服务的诸多领域，通过梳理和优化不同垂直行业的模型与算法，正在用数据创造更便捷和智能的未来。

(1) 第一阶段：1993—2010 年，调研数据分析服务阶段

1993 年，零点有数的前身——北京零点市场调查与分析公司成立。公司成立后，开展了一系列具有较大社会影响力的研究议题，如国内最早的规模民营企业发展状况研究、外商投资环境研究、最早由社会

研究机构进行的流动人口研究等,同时参与了全球消费数据的对比研究。这些研究奠定了零点作为企业智库的底色。

零点用经典的市场调研手段和统计学研究方法进行数据采集、整理和分析,为客户提供决策支持服务。一方面,结合不同行业的业务特点,明确所需数据的类型和获取途径,通过实地访问的方式获取样本调查数据,形成了独立的数据采集能力;另一方面,基于对不同场景独特的行业理解,经过高度总结提炼,结合国际上成熟的分析模型,开发出解决针对特定行业的应用场景研究模型。零点向包括青年组织、妇联组织、公安部门、卫生部门、政府绩效考核部门以及部分高等院校在内的早期合作伙伴提供服务,积累了公共事务领域优质的客户资源。同时,在消费品、金融、汽车、房地产、TMT(电信、媒体、科技)、物流等行业形成了专业的服务团队,逐步培养了一批长期合作客户,开展涵括目标群体分析、新产品概念研发、品牌定位与品牌价值评估、满意度与忠诚度研究、产品定价与渠道研究等商业数据分析与决策支持服务。

在这一阶段,公司形成了有影响力的行业品牌——"零点调查",在调研咨询领域建立了行业领先的市场地位,成为中国数据分析与决策支持领域的早期探索者之一。

(2) 第二阶段:2011—2018 年,多源数据分析服务阶段

随着互联网的普及和移动互联网的逐渐发展,零点整合互联网、大数据等新一代信息技术等新技术,经过不断研发和完善,形成了在线数据集成技术和垂直应用算法两大核心技术,深度融合应用于调研咨询业务。

在线数据集成方面:2011 年运用互联网技术开发了线上座谈会、线上社区,丰富了数据采集方法;2014 年起利用移动互联网技术先后开发了移动端的交互软件"答对"和巡查工具"超能巡查";2017 年起运

用大数据技术整合集成了消费、位置、地图、舆情等数据。零点逐步形成了样本调查数据集成技术、交互数据集成技术、巡查数据集成技术和大数据集成技术等在线数据集成技术。在这些技术的辅助下，能够获得更加丰富、准确的多源数据，能够在有限时间内快速触达大量调查样本，信息采集效率和效果得到大幅提升，同时提升了数据深度和广度。

垂直应用算法方面：零点自 2015 年逐步运用统计分析方法开发出统计基础算法模块；2017 年起逐步开发大数据算法模块；2018 年起逐步应用深度学习算法开发出文本分析算法模块和图片视频算法模块。在实践过程中，将基础算法模块调用、组合为应用算法模块；针对不同的应用场景，将相关应用算法模块组合、封装成为特定的垂直应用算法，并可在线重复使用与快速调用，大幅提升了问题解决能力和研究工作效率。在不断深化开发的基础上，开发出集数据集成、传输、存储、分析和可视化展示为一体的数据技术平台——数立方平台。数立方平台集成了多种内容和形式的数据，供不同业务场景使用；整合了针对不同行业业务问题的垂直应用算法，供执行业务时重复使用与快速调用；内置了各种类型的可视化组件，能够交付可视化的研究成果。

在该阶段，零点运用在线数据集成和垂直应用算法两大核心技术，为客户提供数据分析与决策支持服务，提高决策支持的精准性和高效性，助力客户实现快速响应、科学决策和高效行动。在辅助公共决策方面，业务范围进一步扩展到政务服务、城市管理、市场监管、营商环境、法治与公安、文化旅游、社会群体研究、"一带一路"研究等领域。

经过不断的技术研发和业务拓展，零点已成为中国领先的数据分析与决策支持服务机构之一，是党中央、国务院多个部委相关工作的第三方评估机构，形成了强大的行业影响力。

(3) 第三阶段：2019 年至今,数据智能应用服务阶段

基于各行业的业务理解经验和针对具体问题的数据分析经验,零点通过“经验模型化—模型算法化—算法软件化”的发展战略,将业务与技术进行深度融合,零点在垂直领域的算法研发从探索阶段过渡到规模研发阶段,重塑了数据辅助决策的应用形态。

2018 年,零点运用工业互联网技术探索智能硬件在智慧门店的场景应用;2019 年,运用人工智能技术开发政府热线、警情等相关领域的专业知识图谱,以实现重要事项预警提示、快速定位事件的问题根源、推荐恰当对策建议等;2023 年,零点发布在公共事务领域的大模型“零点挚政楷模”,将最新技术发展应用到现实场景中。

在该阶段,零点通过“云评估”,升级政府及企业客户的评估考核业务,提升快速调取和调度数据的能力,提升自动化分析处理的技术水平,并满足开展专业评估服务的云化存储、计算和后续整合分析需求;通过建设带有知识计算引擎性质的“知识智谱”平台,实现围绕核心政务和商务场景的知识加工、知识获取、知识呈现与知识处理技术的突破;“有数决策云脑”将在“知识智谱”、垂直应用算法库的基础上,形成基于数字化信息协同和应用算法中心的数据智能决策辅助云系统。

(二)智库建设的主要做法

1. 经营模式：严格遵守上市公司标准,高质量开展工作

零点在经营过程中,严格按照上市公司标准开展各项工作,既具有良好的公司治理结构,也为客户提供高价值服务,更发挥企业社会责任产出高质量自投研究成果。

(1) 服务模式："委托＋自研"提供扎实研究成果

零点通过"委托＋自研"的方式，向客户提供扎实的研究成果。委托模式，主要基于客户解决问题的具体需求，依托零点的数据采集、数据挖掘、智能算法技术、业务理解能力，向客户提供专项研究成果。自研模式，基于零点对热点问题的把握、对经济社会发展趋势的洞察等，自投资金自行开展研究，相关研究成果根据需要形成内参、公开出版物等，发挥零点"企业智库"的影响力。

为确保研究成果的科学性，零点严把数据关，通过独立采集数据和应用大数据的方式交叉验证数据结果。独立采集数据包括样本调查数据、巡查数据、交互数据等，项目团队根据项目需求确定所需数据的类型、内容、数量，并与客户沟通确定数据采集方案。独立采集数据中，对于样本调查数据和巡查数据，由项目团队确定采集规则、采集方法、工具系统、质量标准和质量检验，实地执行时采取自行采集和供应商采集两种方式；对于交互数据，则通过零点自有产品在线自行采集。大数据包括外购大数据和客户内部大数据，外购大数据根据研发需求进行采购，数据或加工形成的数据集存储于公司数据库中，项目执行过程中，根据项目需求在数据库中选取、匹配；客户内部大数据由客户根据项目需求提供。

为提升研究成果的应用性，针对零点自研的可公开成果，通过出版书籍、公开发布"白皮书"等方式，供社会使用。零点先后出版了《新公道——公共管理新视野》《重民时代》《服务的灵魂》《日子里的中国》等论述中国公共管理发展趋势、社会发展与变迁历程的书籍；近5年，发布了70余份白皮书或公益研究报告，如《中国乡村振兴产业融合发展报告》《中国主要城市通勤监测报告》《城乡少年阅读现状白皮书》《改革开放四十周年海创群体公众形象认知研究报告》《中国人的梦想数据图谱》《中国城市文明指数报告》《海外中国企业声誉报告》《中国话语海外认知度调研报告》《亚洲主要文明相互认知度调查报告》《"一带一路"沿线重要国家民众中国观报告》《中美两国公众世界观念与国家印象研究报告》等。

(2) 交付模式:"分析报告+智能产品"适用于不同决策场景

零点根据客户的需求提供决策分析报告和数据智能应用软件两种产品,不同产品的交付模式存在一定差异。

决策分析报告为定制化生产。零点承接客户项目,成立项目组,探究客户问题和需求,确定项目研究所需数据、数据获取方法、研究模型算法等,方案确定后进行数据采集和数据分析,最终生成决策分析报告。决策分析报告提交形式包括图文版本或者可视化网页版本。

数据智能应用软件为零点开发的标准化软件,通过定制化部署在客户系统中或为客户提供 SaaS(软件即服务)的方式交付。公司将数据智能应用软件植入客户具体应用场景,进行数据分析,提供预警、指导并推进行动。

为确保软件产品能够持续满足客户需求,零点通过内部立项的方式,先行研发具有市场潜力的软件产品。产品研发团队通过需求确认、产品设计、开发、测试、验收等一系列研发工作最终实现产品上线。

(3) 营销模式:"专业发声+行业引领"形成示范推动效应

零点针对社会和行业前瞻性需求、热点问题,通过专业媒体与公众媒体,发布大量公益性研究成果;多位高级管理人员受聘于各类有影响力的社会团体或者协会,并经常受邀作为论坛嘉宾发表具有影响力的社会或行业洞察演讲;公司积极组织和参与公共事务领域和商业领域主题交流与研讨;公司每年举办"金铃奖"活动,传播行业前沿经验,树立数据智能应用行业典范。

这一系列品牌建设活动，树立了公司专业数据分析与决策支持供应商形象，促进了公司品牌地位的提升。同时，公司在新领域、新方向、新方法上持续投入，通过推广相关研究成果，形成新业务的示范效应，从而促进了创新业务的销售。

2. 特色产品：以“咨询＋技术”为驱动，构建垂直领域产品体系

零点在发展过程中，形成了“业务反哺技术，技术赋能业务”的相互促进模式，在此基础上不断完善“咨询＋技术”双轮驱动的产品体系，根据客户需求提供合适的产品。

（1）决策咨询报告体系

零点的公共事务方面的决策咨询聚焦不同垂直领域，具体为：

一是政府治理服务，该领域聚焦政务服务水平提升、政府绩效优化等方面。在各地不断构建“一厅一网一号”政务服务体系，致力于“高效办成一件事”，零点向各地提供政务服务质量评估与提升、市民诉求深度挖掘、助力“接诉即办”“每月一题”、财政预算绩效评价与辅导咨询等服务，不断提升政务服务能力、优化财政资金使用绩效，最终提升政府治理能力。

二是营商环境评估与提升服务，基于对营商环境领域近30年的长期跟踪研究，零点协助各地各级政府健全营商环境行政管理协同体系，同步架构政—企—社一体化营商治理格局，全面提升营商服务质效。通过省级、市级营商环境全域评估及营商环境“体验官”等方式方法，挖掘营商环境建设标杆案例，补足营商环境建设短板，全面优化营商环境决策质量。

三是城市治理与社会发展服务，该领域持续关注城市发展中“硬环境”的提升，如城市管理水平提升、住房建设与人居环境水平提升等；也

关注“软环境”的提升，如教育医疗、水电气暖、交通邮政、公检法司等公共服务水平的优化。同时，在党群领域，如宣传、统战、组织人才、群团领域等，也开展专门研究。

四是城市发展与人居生活服务，持续专注于围绕商业空间、居住空间、产业空间、公共文化空间的深度研究，融合位置、消费、行为等多源数据，以专业研究模型为支撑，为产业链上的不同参与方（政府、企业、机构等）提供规划决策制定前、执行中、落实后的全链、闭环、长效研究。具体包括城市客户地图、城市更新、项目定位及动态监测、客户体验管理、产品线设计、社区生活圈、物业服务管理、文旅经济运行情况监测和市场动态研究、艺术演出全流程管理等。

五是交通发展与智慧出行服务，为交通规划研究单位提供伴随式伙伴型服务，业务覆盖数据采集、大数据分析、模型算法、应用系统等四大领域；同时，从解决起讫点停车需求的角度串联整个智慧出行链条。包括数据服务整体解决方案、仿真预测、交通改造方案评估和比选、系统构建、智慧停车等服务，提供从方案设计、数据挖掘、执行实施到辅助决策、评估优化提升的全流程智能化数据服务。

（2）数据智能应用软件体系

数据智能应用软件分为自有工具型产品和为客户开发的智能应用软件。

一是超能交互产品：“答对”，实现多样化数据采集。零点通过自主研发的“答对”进行交互数据的采集，通过“触发式”和“推送式”实现多样化、低成本、高安全的数据采集工作。

触发式：在“答对”与客户的用户管理系统打通的情形下，采用“触发式”方式采集数据。通过内嵌、植入、对接等各种形式将“答对”与客户（企业或政府部门）的用户管理系统打通（包括 ID 打通、鉴权认证、交互页面内嵌、答题状态返回、交互数据回流等），将客户服务流程中的各个关键点设计为交互触点，并针对性地设计交互问题。

推送式：在"答对"未与客户的用户管理系统打通或者客户内部多个系统之间数据未实现对接的情况下采用"推送式"方式采集数据。客户（企业或政府部门）将脱敏后的用户信息（如手机号码、不涉及个人隐私的背景信息等）以及交互触点类型，定期导入"答对"系统。系统按照预设推送规则，将不同交互问题的链接通过线上渠道（如短信、邮箱等）推送给客户不同交互触点的不同用户，用户在自己的终端设备（如电脑、手机等）收到交互邀请后，点击邀请内嵌链接到达交互页面，并自主填答交互问题，用户提交后，系统取得相关交互数据信息。

二是超能巡查产品："巡查宝"，实现多模态数据采集。通过"超能巡查"，零点构建了多行业巡查场景（包括但不限于市容环境巡查、燃气安全检查、门店管理巡查等）各个环节，通过采集文本、语音、图像、影像等多模态数据，全面覆盖巡查需求。

在功能上，"超能巡查"具备报备、上报、申诉、整改等流转全过程，可以支持 App、小程序、web 等载体；在结果查看上，通过进度看板、成绩看板、地图看板等，结合巡查结果实时呈现进度、分析结果，同时生成各类报告，确保多种数据统计结果按需享用；在智能技术应用上，通过图片智能识别技术，对巡查视频、照片进行分析，自动生成检查结果，大幅降低人力成本；在质量控制方面，通过地理围栏、全程轨迹记录、全程录音、电子签名、禁用历史相册、极简界面、动线操作设计、断点续答、指标跳答等多种技术手段，为数据真实性保驾护航。

三是应用技术领域产品：以大模型为基础的底层技术支撑。零点基于生成式大模型技术进行了垂类大模型研发，构造多个应用场景，并对通用大模型进行选型。零点发布了政务领域大模型"零点挚政楷模”,其生成式算法已通过国家网信办备案。通过“挚政楷模”的支撑,零点在政府事务研究领域的文本分析能力、智能化能力进一步提升。

四是具体应用领域产品:以“对企服务”和“民生服务”为主线。在“对企服务”方面,零点围绕营商环境建设,先后开发了营商环境无感监测平台、政策精准推送平台、营商知识宝典、企业诉求分析平台等产品。以营商环境无感监测平台为例,平台具有营商环境指标管理、数据采集、结果计算、标杆对比、工作督查等功能模块,可以与营商环境建设相关单位的业务系统按需进行对接,自动化提取数据,节省了人工逐一采集数据的时间成本,提升了采集时效和质量。同时,通过数据汇聚与积累,可以实现综合数据挖掘,查找营商环境建设的薄弱点。

在“民生服务”方面,零点围绕 12345 热线、政务服务、民政、公安等领域,开发了社情民意感知平台、事项分析平台、政务服务主题分析决策平台、民政精准救助、公安精准反诈等产品。以 12345 社情民意感知平台为例,产品具备运行情况概览、重点事项全流程监管、预警预判、重点治理事项、重点治理区域等功能。在“零点挚政楷模”的支撑下对海量文本数据进行分析,实现了对苗头性问题、群发性问题、多发性问题以及乱点、高发、顽症等的主动筛选与提示。

3. 数字化转型:既顺应行业趋势,又推动产业发展

(1) 行业发展趋势:数字化程度越来越高

互联网、大数据等技术在行业中得到应用,提升了研究咨询的效率和效果。传统的调研咨询业务基于统计学抽样方法,通过安排访谈、收集调查问卷的方式收集数据,进行数据分析并形成咨询报告。互联网、大数据等技术的应用逐步改变了传统数据收集、分析、研究的方式。行业内的优势企业已使用线上调查方法,通过网络平台、短信与微信等方

式汇聚并触达用户，能够在有限时间内快速触达大量调查样本，信息采集效率得到大幅提升；部分企业开始拓宽数据来源，并结合大数据进行数据分析研究，为客户提供更加全面、精准的咨询服务。行业内部龙头企业和科技创新企业可以将互联网、大数据等技术深度融合于公司业务中，为客户提供即时、高效、智能的数据分析服务。新技术的应用从调查方法、数据来源、研究方法、成果输出等各方面大幅提升了调查研究的效率和效果，未来互联网、大数据等技术的应用将不断深化，行业技术水平将不断提高。

（2）零点主动引领：以算法为核心，持续加大研发投入

在行业发展趋势下，零点主动求变、主动引领，聚焦垂直行业领域的算法解决方案，不断加大研发投入，将深刻的行业场景理解能力和强大的数据运用能力结合起来，形成“咨询＋技术”的双轮发展路径。

零点对行业应用场景和各种数据资源的特征、价值有着深刻理解，针对复杂业务问题，能够快速、精准把握业务需求，构建解决问题的业务框架，确定适用的数据类型，找到获取数据资源的途径，最大程度利用不同类型数据的价值，用经济合理的方法解决问题。在这个基础上，零点通过互联网、大数据等技术，逐步开发出一系列高效在线数据集成技术和针对不同业务场景的垂直应用算法技术，并整合这两项核心技术不断开发集数据集成、传输、存储、分析和可视化展示为一体的数据技术平台，比如数立方平台、零点挚政楷模、数据智能软件等。这些产品实现了对位置数据、消费数据、智能硬件数据、文献数据、统计年鉴数据等多种内容数据的逐步汇聚，数据形式涵盖数据库数据、文本数据、图片数据、视频数据等多格式数据，供不同业务场景使用；同时，各类数字化平台整合了统计分析方法、大数据算法、深度学习算法等底层算法，针对不同业务场景中的问题单元，开发出应用算法模块，通过不同

应用算法模块的组合、封装，形成针对特定业务问题的垂直应用算法，供执行业务时重复使用与快速调用；内置了各种类型的可视化组件，能够交付可视化的研究成果。

经过不断努力，截至 2024 年 6 月 30 日，零点软件著作权总数达到 216 项，已申请 27 项发明专利(其中 8 项已取得授权、17 项进入实质性审查、2 项初审通过)和 1 项外观设计专利(已取得授权)，多项关键核心技术有效构建了零点在数字化转型方面的核心竞争力。

(3) 推动行业发展：积极推动算法产业化发展

与上海市普陀区政府合作，零点连续 4 年在上海“世界人工智能大会”中举办“BPAA 全球应用算法模型典范大赛”，已汇集全球 15 个国家 60 多个城市 700 多支团队参与大赛，大赛每年发布应用算法典范 TOP50 榜单，涉及公共、工业、金融、医疗、商业等多个赛道，形成了丰富的应用算法先进案例库和众多的算法企业库，有效推动了算法产业化的发展。

4. 人才队伍建设：培养一支多元化知识服务团队

零点拥有业务与技术良好融合的专业队伍，基于行业场景的研究咨询能力支撑了公司的数据理解和算法开发工作，形成“1＋1＞2”的良好合作效应。

在人员专业性方面：业务队伍涵盖社会学、统计学、心理学、市场营销、经济学、工商管理、公共管理、法学、计算机科学等相关专业人才。

在人员数量方面：截至 2024 年 6 月 30 日，研究与咨询人员达 303 人，占公司总人数的比重为 39.10％。研究与咨询人员中 97.69％以上具有本科及以上学历，高级研究经理及以上资深研究咨询人员 91 人，占公司总人数的比重为 11.74％；公司拥有研发和技术人员 257 人，占公司总人数的比重为33.16%，其中78.21%以上拥有本科及以上学历。

在专家资源合作方面：零点与国内知名高校、研究机构等有紧密的合作关系，在公共管理、社会发展、文化体育、法治建设、算法发展等领域，积累了一支富有洞见、愿意将理论与实践相结合的专家队伍。在合作模式上，既有项目制合作方式，即专家参与到零点具体项目中，充分发挥专家在某一领域的特长；也有顾问制合作方式，即专家作为零点在具体研究领域的长期顾问，在涉及该领域问题时，专家可提供顾问服务。

5. 对外合作网络：以生态建设形成发展合力

零点在发展过程中，除了自身能力发展，还通过构建丰富的合作生态来强化或互补自身能力，形成良好的生态圈，既能够更好地服务客户，也促进了行业发展。

（1）搭建"零点之翼"，形成数据采集网络

为提升数据采集能力、扩大数据采集覆盖面，零点在中国200多个城市拥有"零点之翼"网络合作单位。通过严格的遴选、管理、培训、考核等方式，保持对"零点之翼"的质量监督要求，确保"零点之翼"采集的数据符合项目要求。在具体项目中，"零点之翼"根据要求，能够及时调动资源、快速完成本地数据采集工作，其工作内容包括但不限于拦截访问、CATI（计算机辅助电话调查）、神秘暗访、入户访问等。

"零点之翼"只负责实地数据采集工作，前期需要接受零点严格的项目培训、项目指导，执行过程中需要接受零点的项目监控、质量复核，后期需要接受零点工作考核，确保其采集的数据符合零点质量要求。

（2）持续战略投资，构建公司技术发展生态

在智能软件领域，零点通过战略投资，不断构建公司技术发展生

态。零点先后投资了专注于服纺时尚零售领域的一体化分销管理及采购解决方案服务商上海贯信信息技术有限公司、行业领先的数字孪生和时空大数据平台及服务供应商北京相数科技有限公司、一站式营销数字化 PaaS(平台即服务)＋SaaS 解决方案服务商上海千匠网络科技有限公司、专业提供大数据处理与分析软件平台产品及技术服务的高科技企业上海直真君智科技有限公司、从咨询的角度服务政府和社会的上海闻政管理咨询有限公司、为企业提供 SaaS＋私有化部署相结合服务的金蝶票据云科技(深圳)有限公司、专业的数字政府服务商江苏风云科技服务有限公司等。

除上述"强连接"的合作网络外,零点还与国内运营商、大型央企国企、地方龙头国有企业、行业龙头企业等签署战略合作协议,在产品与服务互补方面形成合力。

6. 国际合作与交流:向国际传递数字上的"中国发展"

在国际合作与交流中,零点目前担任世界研究者协会(ESOMAR)的中国代表机构,与全球调查研究界、数据智能界和咨询服务界保持交流,也是多国咨询界、投资界、公共管理研究界乐于交流的专业机构。

(1) 传播中国:以民间声音传递中国发展

零点自投了众多关于中国社会发展的多项研究,包括中国人的国际意识、中国民营经济发展、中国民众诉讼意识及其维权模式、中国民众对政府服务的满意度、中国的流动人口及其工作生活状况、中国民众生活质量及其幸福度、中国环保指数、中国机动化与拥堵指数、中国民众对于当前公共政策的认同度、中国社会的艾滋问题与流行病监测管理机制等。这些数据为国际社会了解中国提供了真实的民间视角。部分外媒记者在引用零点数据时表示,零点的调研数据提供了一个来自中国民间的独特数据源，让外界社会有了认识中国进步的精确依据。

在推动中国公共服务进步方面，零点从公众研究发展出来的公共服务社会评价机制，构成今天零点发展多层次、大规模第三方评价业务的重要经验，而这种经验也带给了西方社会很大的启发。比如，零点创始人袁岳博士在美国华盛顿DC的政商圆桌会议、布鲁金斯学会讲座、美国哈佛大学，耶鲁大学及哥伦比亚大学等高校讲座上进行的交流中，零点开展的中国政府公共服务领域第三方评估经验，被部分美国学者称许为“中国特色的吸纳民意渠道”。一些国际学者更进一步认为，这些客观的数据令人信服地说明，中国的治理方式与做法获得中国民众越来越高的认同。

（2）交流互动：国际间数据对比研究

零点开展了大量的国际间比较研究，凭借研究的精确性与动态性在中外交流中扮演了一个特别角色。如中日之间的北京—东京论坛一直坚持将中日民间对比调查结果作为重要的互动内容，零点一直是中方调查的负责机构。再如，当德国、美国、法国、以色列、英国等国家元首或政府首脑来访，零点均有可靠的数据作为两国关系目前互动状况的评判依据。同时，零点在“一带一路”国家以《“一带一路”商情白皮书》追踪在多国的商业机会与合作投资项目进展，并对共建“一带一路”国家的政要动态、智库与重要媒体意见、精英对华意识、公众政治意识和中国形象认识加以长期追踪。

在海外调查能力方面，目前零点覆盖全球140多个国家和地区，可以进行多类国际主题的快速研究。零点与全球超过30个国家的智库专家、高校人士、商会负责人、著名企业家、知名媒体人士和政界人士保持专业联系。

(三)智库建设取得的主要成效

1. 决策影响力：通过内参方式助力科学决策

零点通过公益研究投入支持公共决策优化，持续加强良好的品牌社会影响力。持续关注社会重要热点、前沿政策需求、重要社会群体特征演化，针对公众生活满意度与获得感、社会治安安全感、农民工城市融入、艾滋病防治、重大灾害等问题形成公益性研究成果，为政府决策提供重要参考，推动国家治理能力现代化。近几年，零点报送了涉及政务服务、营商环境、“一带一路”等方面的多篇决策内参，获得了有关领导关注与批示。

零点与其他研究机构合作，共同研究重要社会议题。比如，联合当代中国与世界研究院开展中国式民主与现代化专题民意调查，并发布《中国民主实践与现代化发展全球调查报告2023》。报告重点关注全球主要国家民众对全过程人民民主理念在中国经济社会发展各方面实践效能的认知和评价，较为客观地呈现中国民主实践与现代化发展效能的全球认知情况，科学研究了中国式现代化与国家治理的发展态势。

零点每年在两会期间，与中国新闻社合作“两会特刊”，将零点的研究成果，如巩固脱贫攻坚成果、优化营商环境、新消费推进、推进乡村振兴、普惠金融、政务热线发展等，通过统一途径呈送至每一位参加全国两会的人大代表与政协委员手中，为其参政议政提供相关数据依据。

2. 行业影响力：在相关行业领域获得认可

在调研评估领域，零点是国务院多个部委相关工作的第三方评估机构、中国市场信息调查业协会（CAMIR）副会长单位、中国科技咨询协会团体标准《管理与技术咨询服务指南》编制参与单位、中国市场调查业协会第三方评估委员会会长单位、中国信息协会市场研究业分会（CMRA）副会长单位、欧洲民意与市场研究协会（ESOMAR）会员单位、中国科技咨询协会创始单位会员、中国软件行业协会（CSIA）会员单位等，是《市场、民意和社会调查服务要求》（GB/T 26316—2010）国家标准的起草单位之一。

在算法领域，零点获得大数据与计算机智能大赛最具前沿技术赛题奖、世界人工智能大会BPAA算法大赛金奖、中国大数据应用最佳实践案例、中国设计红星奖（优政通）、健康险年度创新贡献奖（客户体验管理系统）、中国科技咨询协会咨询创新奖等。

在具体行业领域，零点长期关注区域营商环境优化课题。2024年，零点继续承担多个省级营商环境评价项目，积极参加广州营商环境专题研讨会、青岛市“政务环境提升营商环境优化”政企面对面协商活动、四川凉山州营商环境特色研究考察等相关活动，公司代表被聘为四川省营商环境咨询委员会委员、广州市全面优化营商环境咨询委员会委员、青岛市营商环境专家委员会委员、厦门市优化营商环境委员会委员。零点持续多年关注12345热线发展。2024年，零点连续主办8届12345政务服务便民热线大会暨新质赋能12345热线助力营商环境高质量发展大会，现场发布《2024年政务服务便民热线新质发展白皮书》。零点每年举办“金铃奖”评选活动，旨在评选在倾听民意、倾听消费者声音、应用数据智能方面做得优秀的政府和企事业单位，推动民声更好传递给相关机构。

在智库建设方面，在国家“一带一路”办（国家发展改革委）、国家信息中心评选的国内“一带一路”研究智库中，零点入选社会型智库15

强;在中联部牵头的“一带一路”智库联盟中,零点是创始成员单位。

3. 社会影响力:积极参与社会公益活动

零点坚持党建引领,积极与辖区内相关单位和企业开展党建交流活动,荣获“北京市互联网党建重点企业”“酒仙桥街道先进基层党组织”等称号。

零点与上海市大学生科技创业基金会共同发起成立非营利性社会服务机构——上海零点青年公益创业发展中心(又称“黑苹果青年”),开展走进大学活动,为大学生提供前沿新知分享。2024 年,参与的典型活动如大连市工商联和大连外国语大学联合主办的“同心讲坛”、中南林业科技大学涉外学院经济学院知新论坛、暨南大学管理学院市场学系党支部结对共建交流会等,进一步推动校企合作走深走实。零点出任第十四届全国大学生市场调查与分析大赛(研究生组)总决赛评审,长期大力支持历届全国大学生市场调查与分析大赛的举办。

4. 国际影响力:在国际交往中传递中国发展声音

零点创立初期就与进入中国的外资企业积极合作,后续也用中国数据在国际研究界、投资界和媒体界发挥着专业服务的角色作用,全球顶级智库、大学的不少中国问题研究专家把零点作为研究中国的专业数据源,零点也具备在“一带一路”国家和全球超过 140 个国家进行快速数据收集与进行第一手研究的能力,从而有力地支持中国企业出海和中国国际交流事业。

在全球范围内,零点与多个国家的专业同行有合作交流的记录。随着更多国际交流项目的进行,来自其他国家的专业人士、政治家、企业家来华学习的项目常邀请零点的专业人士做基于数据的公共商业决策模式分享，这样的课程形成了用来自中国社会的声音、用具体可靠的数据诠释中国发展模式的坚实信息，对于来自域外的学习者与观察家具有更强的说服力。

（四）下一步发展的思路与展望

未来，零点将秉持先锋主义、专业主义、长期主义的要求，用专业分析的能量助力领导者决策更有数，建设数据分析与决策智能化行业的中国典范。在持续进行公共事务领域和商业领域行业性研究的同时，进一步加大在知识智谱、大模型、智能体等方面的研发和前瞻性部署，将数据智能与领导决策紧密结合起来，实现决策的智能化和科学化，做智库建设的“行动派”。

1. 持续关注重点议题

持续关注“一带一路”倡议、新质生产力发展、民营经济发展、产业营商环境建设、“高效办成一件事”政务服务深度优化等领域的发展趋势、待解难题，以零点的专业性和洞察性形成可落地的行动解决方案，助力相关部门高质量决策。

2. 持续进行研发投入

基于新一代信息技术的发展，互联网、大数据、云计算、人工智能技术正与实体经济和公共服务深度融合，数据智能应用市场正步入发展的快车道。零点将持续进行研发投入，在“知识智谱”“零点有数云评估”“有数决策云脑”等方面持续探索，完善算法模型，探索研发智能体，构建数据智能领域的核心竞争力。

3. 持续完善服务模式

持续巩固“咨询＋技术”的核心服务模式。通过咨询过程，发现可以通过技术解决的核心痛点；通过技术，将咨询成果固化和深化。通过两者的互补式发展和螺旋式促进，实现分析与决策智能业的转型和全新发展。

附录篇

一、2024 年中国智库发展大事记

1 月

6—7 日，由上海交通大学人文学院、成都理工大学、南京大学生命科学学院、西南交通大学计算机与人工智能学院、联合国教科文组织高等教育创新中心发起和主办的“首届全球前沿科学 50 人智库论坛”在四川成都举行，会议主题为“全球视野、中国基石、前沿交叉、战略前置”。

8 日，由甘肃省委宣传部、省社会科学院、省统计局、省民委等单位联合主办的《甘肃蓝皮书(2024)》成果发布会在甘肃兰州召开。

17 日，由浙江省新型重点专业智库浙江工商大学浙商研究院承办的浙江省新型智库工作交流会在杭州召开。

18 日，上海市社会科学界联合会在上海召开上海市社会科学界第二十一届学术年会大会。

30 日，国家新闻出版署印发《关于实施 2024 年度出版智库高质量建设计划的通知》，着眼打造一批机构实、成果好的专业化智库，推出一批能够服务管理决策、推动行业高质量发展的重要研究成果，培养一批政治能力强、研究水平高的出版智库专业人才，持续推进出版业理论实践研究和成果转化应用。

31日，上海市科学学研究所联合江苏省科技情报研究所、浙江省科技信息研究院、安徽省科技情报研究所共同发布《2023长三角区域协同创新指数》。

是月，天津市高端智库遴选工作办公室组织首批天津市高端智库遴选工作。经过评审和公示，确定10家首批天津市高端智库、15家首批天津市高端培育智库。

2月

3日，商务印书馆、中国人民大学重阳金融研究院举办的《思想坦克：中国智库的过去、现状与未来》新书发布会暨研讨会在北京举行。

4日，上海社会科学院、上海市教育发展基金会、上海人民出版社主办的“教育强国·智库何为”研讨会暨《问道教育四十年》出版座谈会在上海召开。

3月

1日，中国国际工程咨询有限公司氢能产业发展咨询中心联合行业咨询机构能景研究在北京举办2024氢基能源绿色发展论坛。

2日，由京津冀三地省级党校(行政学院)合办的京津冀协同发展战略实施十年高端论坛在北京举行。

8日，由中非合作论坛中方后续行动委员会秘书处主办，浙江师范大学、中华人民共和国驻坦桑尼亚大使馆、浙江省政府外事办公室、金华市政府联合承办的中非智库论坛第十三届会议在坦桑尼亚达累斯萨拉姆市召开，会议主题为“构建人类命运共同体的中非实践”。

15日，北京、天津、河北三地社会科学界联合会在北京举办2024京津冀协同发展学术论坛，论坛主题为“京津冀协同发展与中国式现代化”。

19日，中国社会科学院国际研究学部2024年度国际问题研讨会暨《中国社会科学院国际形势报告（2024）》发布会在北京举行，会议主题为“国际问题研究与中国自主知识体系建构”。

20日，由中共中央宣传部、国务院新闻办公室主办，中国社会科学院、中央广电总台、中国外文局承办的第三届“民主：全人类共同价值”国际论坛在北京举行。中共中央政治局委员、中宣部部长李书磊出席开幕式并发表主旨演讲。与会嘉宾围绕“民主与治理现代化”“数字时代的民主与法治”“人工智能与民主的未来”“多极化世界中的民主与全球治理”等议题展开讨论。

23日，由智库人才培养联盟主办，北京航空航天大学经济管理学院、北京航空航天大学人文社科与智库管理处、中国科学院大学公共政策与管理学院、中国科学院科技战略咨询研究院智库科学与工程研究中心承办的智库人才培养联盟成立周年研讨会在北京召开，会议主题为“夯实学术基础，培养智库人才”。

24—25日，由国务院发展研究中心主办，中国发展研究基金会承办的中国发展高层论坛2024年年会在北京召开，会议主题为“持续发展的中国”。

26日，中央党校（国家行政学院）科研部在北京举办中央党校（国家行政学院）国家高端智库皮书成果集中发布会。

31日，由中国人民大学主办，中国人民大学重阳金融研究院承办，美国丹佛大学美中合作中心、俄罗斯自由经济协会、加拿大曼尼托巴大学地缘政治经济研究小组、印度中国经济文化促进会合作举办的《大国复利：中国高质量发展与2035年趋势畅想》五国合作智库报告发布暨国际研讨会在北京举办。

4月

2日，中国电子信息产业发展研究院（赛迪研究院）、工业和信息化部新型工业化研究中心主办的2024赛迪论坛在北京举办，论坛主题为“新型工业化：新理论　新实践”。

7日，湖北省社会科学院联合清华大学习近平新时代中国特色社会主义思想研究院举办的新时代中部地区崛起战略理论对话会在武汉举行。

8日，昆明学院、对外经济贸易大学和中国（云南）自由贸易试验区昆明片区（昆明经开区）管委会召开的中老铁路发展报告新闻发布会暨对外经济贸易大学兴滇教育合作座谈会在云南省昆明市举行。

10日，中国公共外交协会和中国驻日本大使馆共同举办的中日高级别人文交流论坛在东京举行，论坛主题为“构建符合新时代要求的建设性稳定的中日关系”。

12日，浙江师范大学非洲研究院和南苏丹战略与政策研究所共同主办的第三届中国—南苏丹智库论坛在南苏丹首都朱巴举行，论坛主题为“加强伙伴关系、促进共同发展”。

17日，首都经济贸易大学、北京市委市政府京津冀协同发展领导小组办公室联合主办的京津冀协同发展10周年高端论坛在北京举办，会议主题为“努力使京津冀成为中国式现代化建设的先行区、示范区”。会上成立京津冀协同发展研究高校智库联盟。

19日，中国浦东干部学院、上海社会科学院联合举办的中国特色新型智库建设论坛·2024在上海召开，论坛主题为“中国式现代化征程中的新型智库建设”。

28日，2024全球科技创新高端智库论坛在北京举办，会议由北京市科学技术研究院、中国科学技术发展战略研究院、中国科学院科技战略咨询研究院等承办，论坛主题为“未来产业和创新生态：全球智库之声”。

30日，中央党史和文献研究院科研规划部、新华社研究院和塞尔维亚国际政治与经济研究所联合主办的第五届中国—中东欧高端智库学者交流论坛：共建“一带一路”与现代化发展在塞尔维亚举办。

是日，《构建人类命运共同体的时代价值和实践成就》(塞文版)智库报告发布仪式在贝尔格莱德举行，会议主题为“以人类命运共同体理念为引领　深化中塞全面战略伙伴关系”。

5月

1日，全球化智库(CCG)联合中西对话(CWD)、美中公共事务协会(ACPAI)在美国举办中美智库交流会，会议主题为“为更美好的未来推进全球治理和人类安全”。

3日，习近平生态文明思想研究中心、国家节能中心、新华社研究院、中国科学院科技战略咨询研究院共同发布《中欧环境与气候合作：进展与展望》智库报告。

4日，中央党史和文献研究院和新华社在巴黎联合发布《中国式现代化发展之路》智库报告。

13—15 日,由"香港全球繁荣峰会"、汇贤智库政策研究中心和上海国际问题研究院共同举办的 2024 全球繁荣峰会在香港举行。

15 日,由中国社会科学院国家全球战略智库协办的东海研究论坛(2024)·东亚和平发展与琉球学建设国际学术研讨会在北京举行。

17 日,北京大学召开的高校哲学社会科学实验室联盟成立大会在北京举行,会议主题为"数智化时代哲学社会科学实验室建设"。

19 日,中共海南省委宣传部、中国日报社、中国(海南)改革发展研究院共同主办的 2024 RCEP 区域发展媒体智库论坛在海南省海口市举行,会议主题为"共享红利　共促发展"。

23—24 日,中宣部主办的 2024 文化强国建设高峰论坛在广东深圳举办,论坛主题为"中国式现代化与新的文化使命"。中共中央政治局委员、中宣部部长李书磊出席并发表主旨演讲。中共中央政治局委员、广东省委书记黄坤明出席并致辞。

24 日,中国社会科学评价研究院、北京大学社会科学部、北京大学首都发展研究院主办的第十一届全国哲学社会科学评价高峰论坛在北京召开,论坛以"学科高质量发展与中国自主知识体系建构"为主题。

27 日,广西民族大学和中国东南亚研究会联合主办的第六届东盟发展会议暨《东盟黄皮书·东盟发展报告(2023)》发布会在广西举行,论坛主题为"2023—2024 年东盟形势及中国—东盟关系回顾、展望"。

30—31 日,中国社会科学院和俄罗斯国际事务委员会共同举办的中俄智库高端论坛(2024)在莫斯科举办,会议主题为"'中国与俄罗斯:新时代合作'暨庆祝中俄建交 75 周年"。

6月

1日，国防大学政治学院主办的新时代军事社会学创新与发展论坛——中国军事社会学学科发展40周年理论研讨会在南京举行。

2日，中国社会科学院主办的建设中华民族现代文明研讨会在北京举行。中共中央政治局委员、中宣部部长李书磊出席并发表主旨演讲。

4日，由中国社会科学院俄罗斯东欧中亚研究所、乌兹别克斯坦总统战略与地区研究所、哈萨克斯坦总统战略研究所、吉尔吉斯斯坦总统战略倡议研究所、塔吉克斯坦总统战略研究中心等共同主办的中国—中亚智库论坛在乌兹别克斯坦塔什干举行，论坛主题为“加强互利合作　实现共同繁荣和可持续发展”。

6日，中共中央对外联络部世界政党研究所和北京外国语大学共同主办的世界政党智库合作联盟成立大会暨世界政党政治学术研讨会在北京举行，研讨会主题为“百年变局下的世界政党政治”。

是日，新华通讯社和今日俄罗斯国际新闻通讯社共同举办的金砖国家专家论坛在俄罗斯圣彼得堡举行。

11日，南开大学中国式现代化发展研究院、周恩来政府管理学院、中国政府发展联合研究中心主办的中国式现代化与地方政府发展论坛暨《中国政府发展研究报告(2022—2023)》《中国地方政府发展能力报告(2022—2023)》首发式在天津举办。

13日，上海市召开新型智库建设工作会，就深入学习贯彻习近平文化思想和习近平总书记考察上海重要讲话精神，全面贯彻落实中央和市委要求，研究部署新型智库建设工作。市委常委、宣传部部长赵嘉鸣出席并讲话。

14 日，中国社会科学院农村发展研究所、中国社会科学院大学、海峡经济科技合作中心与相关机构共同主办的第二届海峡两岸乡村振兴与共同富裕论坛在厦门召开，来自海峡两岸的嘉宾围绕海峡两岸乡村振兴与共同富裕相关议题深入交流。

是日，国务院国资委综合研究局、研究中心举办的地方国资国企新型智库建设座谈会在山西太原召开。

19 日，新华社国家高端智库在比利时布鲁塞尔发布《更好赋能中国繁荣世界——新质生产力的理论贡献和实践价值》(中英文版)智库报告。

21 日，广西壮族自治区国资委指导、广西北部湾投资集团有限公司主办的广西国资国企智库联盟揭牌成立大会在南宁市举行。

22 日，欧美同学会举办的第三届国际智库论坛在浙江省湖州市开幕，论坛以“中国式现代化：绿色生态与可持续发展”为主题。

23 日，中国石油集团经济技术研究院主办的智库高质量建设座谈会在北京举办，研究机构和石油企业的代表共同探讨智库高质量建设路径，共商合作推进中国特色新型智库建设。

24 日，人民网研究院发布智能互联网蓝皮书《中国智能互联网发展报告(2024)》，报告主题为“中国智能互联网元年：生成式 AI 引领变革”。

25 日，军事科学院主办、暨南大学协办的“第二届中国—东盟防务智库交流活动”在广东省广州市召开，会议主题为“和平·合作·共命运”。

28 日，由新华社智库学术委员会指导、瞭望周刊社主办、瞭望智库承办的智库类双月刊学术期刊《新华智库研究》创刊发布会在北京举行。该刊由新华通讯社主管，致力于打造优秀智库成果展示窗口、智库建设规律研究阵地、中外智库合作交流平台。

7 月

4—5 日，由中国国际经济交流中心主办的第八届全球智库峰会在北京举行，会议主题为“直面多重不确定性　共创全球美好未来”。

5 日，上海社会科学院主办、上海社会科学院智库研究中心承办的“智库高质量发展”研讨会举行并发布《中国智库报告(2021—2023)》。

6—7 日，由清华大学主办、中国人民外交学会协办的第十二届世界和平论坛在北京举办，会议主题为“完善全球安全治理：护正义、促团结、谋合作”。

11 日，由上海社会科学院主办，上海社会科学院文学研究所、上海社会科学院党委宣传部、上海远东出版社承办的上海社会科学院重大成果发布暨 2024 上海文化发展系列蓝皮书新闻发布会在上海举行。

12 日，人民日报文化传媒有限公司主办 2024 数字经济论坛，论坛主题为“培育发展新质生产力　做强做优做大数字经济”。

16 日，中山大学自贸区综合研究院发布《2023—2024 年度中国自贸试验区制度创新指数》，广东前海、上海(浦东)、广东南沙、上海(临港)、天津、北京、福建厦门、四川成都、广东横琴、重庆进入综合排名全国前 10 名。

18 日，中国国际问题研究院举办的全球安全倡议研究中心成立暨《全球安全倡议落实进展报告》发布仪式在北京举行。

21 日，由中央党校(国家行政学院)、中国领导科学研究会、全国党建研究会党建理论教学与研究专委会主办，青海省委党校(青海省行政学院)承办的第四届全国党建高端论坛在西宁开幕,论坛主题为“新时代全面从严治党的重要理论成果——学习领会习近平总书记关于党的自我革命的重要思想”。

23日,江西省社会科学院、社会科学文献出版社联合举办《江西经济社会发展报告(2024)》发布会暨进一步全面深化改革谱写中国式现代化江西篇章研讨会。

是日,由中国社会科学院欧洲研究所、中国欧洲学会意大利研究分会、社会科学文献出版社共同举办的《意大利蓝皮书:意大利发展报告(2023—2024)》发布会暨建立全面战略伙伴关系20年背景下的中意务实合作双边研讨会在北京举行。

24日,天津滨海综合发展研究院、上海社会科学院、中国(深圳)综合开发研究院共同主办的第二十届沪津深三城论坛在天津市召开,论坛主题为“新质生产力与高质量发展”。

25日,中核战略规划研究总院和中国军控与裁军协会在联合国日内瓦举行国际研讨会并发布《北约核共享违反〈不扩散核武器条约〉辨析》研究报告。

28日,中国应急管理学会与内蒙古党校(行政学院)在呼和浩特市共同举办中国应急管理学会智库论坛(2024),论坛主题为“学习贯彻党的二十届三中全会精神、推进边疆安全治理与应急管理创新发展”。

30日,中国社会科学院举办的2024年京沪中国学研究机构座谈会在北京召开。

8月

5日,由中国人民大学主办,中国人民大学重阳金融研究院承办,俄罗斯自由经济协会、加拿大曼尼托巴大学地缘政治经济研究小组、印度中国经济文化促进会合作举办的《攻坚：新时代中国全面深化改革和高水平对外开放进程及2029、2035畅想》四国合作智库研究报告发布会暨国际研讨会在北京召开。

6日，中共中央党史和文献研究院、新华通讯社联合主办的“红厅论坛：读懂中国共产党二十届三中全会”主题研讨会在北京举行。会上，中央党史和文献研究院国家高端智库和新华社国家高端智库以中英文面向全球共同发布联合撰写的智库报告《以全面深化改革推进中国式现代化的重大成就和世界贡献》。

9日，由中国社会科学院新疆智库主办、新疆财经大学协办的新疆智库建设研讨会在乌鲁木齐举行。

21日，作为第六届中非媒体合作论坛暨中非智库高端对话的一部分，由中国非洲研究院承办的中非智库高端对话在北京举行。

21—22日，由中国藏学研究中心和中国西藏文化保护与发展协会共同举办的第四届藏学珠峰论坛在四川成都召开，会议主题为“中国式现代化的西藏实践与藏学发展”。

21—23日，由北京市科学技术研究院主办、北京市科学技术研究院科技智库中心承办的“中国特色新型智库竞争力提升”高级研修班在北京举行。

24日，中央党校（国家行政学院）马克思主义学院、中国马克思主义研究基金会、陕西省委党校（行政学院）共同举办的第十五届中国特色社会主义论坛暨第六届全国党校（行政学院）系统马克思主义学院教学科研智库工作座谈会在西安召开，论坛主题是“进一步全面深化改革的理论与实践”。

27日，湖南省委宣传部、新华社湖南分社共同举办的“落实党的二

十届三中全会精神　谱写中国式现代化湖南篇章”智库研讨会在长沙举行。

是日,由博鳌亚洲论坛与中国(海南)改革发展研究院合作主办、海南自由贸易港研究院协办的 RCEP:亚洲经济新未来研讨会在泰国曼谷召开。

是日,中国信息通信研究院发布《中国数字经济发展研究报告(2024 年)》。

27—28 日,中国社会科学院拉丁美洲研究所和拉丁美洲经济体系共同举办的首届中国—拉美和加勒比发展论坛在北京举行。

28 日,商务部国际贸易经济合作研究院在第五届跨国公司领导人青岛峰会期间发布《跨国公司在中国:共享“中国式现代化”新机遇》研究报告。

9 月

5—7 日,由中国科学院文献情报中心主办、《智库理论与实践》编辑部和温州商学院温商研究院承办的智库报告与学术论文撰写策略——2024 第十届新型智库建设学术研讨会在北京召开。

5—7 日,由中国金融四十人论坛(CF40)与中国国际经济交流中心(CCIEE)联合主办的第六届外滩金融峰会在上海举行,会议主题为“应对变化的世界”。

8 日,中国科学技术发展战略研究院在 2024 浦江创新论坛发布《中国区域科技创新评价报告 2024》。

9—10 日,由中国社会科学院主办,中国社会科学院世界社会主义研究中心、马克思主义研究院及习近平新时代中国特色社会主义思想研究中心承办的第十四届世界社会主义论坛在北京召开，论坛主题为“当前的世界之变、时代之变、历史之变”。

10 日，中国人权研究会、中国人民大学重阳金融研究院、巴西弗鲁米嫩塞联邦大学法学院以中、葡、英三语联合发布《共同目标：中拉人权发展合作的现状与未来》的报告在首届中拉人权圆桌会期间发布，这是首个中国与拉丁美洲和加勒比地区人权领域的智库研究报告。

12—14 日，中国军事科学学会、中国国际战略学会联合主办的北京香山论坛在北京召开，会议主题为“共筑和平、共享未来”。

13 日，由江苏省哲学社会科学界联合会、省委党校(江苏行政学院)共同主办，江苏党的建设理论与实践创新研究院、江苏智库研究与交流中心联合承办的 2024 年首期江苏智库沙龙在南京举行，会议主题为“学习贯彻党的二十届三中全会精神，推动新型智库高质量发展”。

14 日，由北京大学国家发展研究院、智联招聘联合调查制作的《AI 大模型对我国劳动力市场潜在影响研究：2024》在服贸会上对外发布。

是日，由贵州省政协社会科学界别组、贵州省社会科学界联合会、贵州省社会主义学院联合主办的完善大统战工作格局助力中国式现代化研讨会暨贵州新发展理念与多党合作高端智库座谈会在贵阳举行。

19 日，由辽宁社会科学院承办的“东北三省一区＋江苏”社会科学院院长联席会议暨贯彻落实习近平总书记“9・7”重要讲话精神推进新时代东北全面振兴研讨会在沈阳召开。

20 日，由上海市哲学社会科学规划办公室指导、上海市发展改革研究院主办的“深化改革开放・赋能新质生产力”上海智库论坛在上海举行。

19—21 日，莫干山研究院和中信改革与发展研究基金会在浙江德清县共同主办第十八届新莫干山会议，会议主题为“以改革创新为引领,承前启后,守正创新,推进中国式现代化建设”。

22—23 日,中国科学院科技战略咨询研究院、中国工程院战略咨询中心、中国发展战略学研究会主办的第五届智库科学与工程国际研讨会在北京举行,会议主题为“理实融通　开放创新　推动智库高质量发展”。

23 日,由江苏省社科联智库研究与交流中心主办、中国人民大学国家发展与战略研究院承办的江苏高层次智库专家研修班在北京举行。

25 日,由国经咨询有限公司、TCL 科技集团股份有限公司、TCL 实业控股股份有限公司联合举办的中国企业全球化发展论坛在北京举行,与会专家围绕“推动产业链出海”“推进更高水平全球化发展”“助力双循环新发展格局构建”等议题展开深入讨论。

是日,中国传媒大学在北京举办对话与发展:人类命运共同体国际智库论坛。

是日,由中共重庆市委、中国社会科学院主办的 2024 长江文明论坛在重庆举行,论坛主题为“长江文化建设与长江经济带高质量发展”。

27 日,中国外交部主办、中阿改革发展研究中心承办的中国—阿拉伯国家智库联盟首次会议在上海举办,与会专家围绕“坚持改革创新,推动新时期中阿高质量发展”“秉持包容互鉴,共促中阿高水平开放合作”“推动加沙停火,实现巴勒斯坦问题全面公正持久解决”三大议题进行深入探讨。

是日,由国防科技大学联合军事科学院、湖南省人民政府、中国电子信息产业集团有限公司、中国兵器装备集团有限公司举办的第二届国防科技高地论坛主论坛在长沙举行,会议主题为“智能时代机器人技术创新发展”。

是日，湖南省社会科学院（省人民政府发展研究中心）举办庆祝中华人民共和国成立 75 周年成果发布会，集中发布《守正创新："第一次飞跃"的伟大成果与当代中国马克思主义理论的新发展》《中国式现代化湖南篇章怎么干》《湖南通史・当代卷》《融变鼎新：文化与科技融合的理论透视》《湖湘文化极简史》"阐释与批评丛书"等 17 项学术成果。

28 日，由中国南海研究院和海南省社科联联合举办中国（海南）—东盟 2024 智库论坛在海口举行，论坛主题为"发展新质生产力为中国与东盟海洋合作提供新动能"。

29 日，由中国社会科学评价研究院主办、机构与智库评价研究室承办的第七届中国智库建设与评价高峰论坛在北京召开，会议主题为"中国特色新型智库建设与智库评价十年回顾与展望"。

是日，中国人民大学主办的首届江山论坛在北京举办、论坛主题为"中国式现代化的强国战略"。

10 月

9 日，新华社国家高端智库面向全球发布中英文智库报告《文明交融论——基于突出特性与价值立场的中华文明新主张》，解读中华文明交往交流交融发展的最新成果。

11 日，由北京市社会科学院主办的发挥皮书优势力量　助力新质生产力发展——"北京社科"2024 蓝皮书、集刊、论丛发布会在北京举行，会议分为"北京社科"2024 蓝皮书、集刊、论丛成果发布和"高质量开展皮书研创　推动科研管理提质增效"专题发言两个环节。

14 日，由台盟中央主办、台盟重庆市委会承办、重庆两岸经济研究所协办的 2024 大江论坛・第四届智库论坛在重庆举办，论坛主题为

“加强交流合作　守护共同家园”。

是日，由中国社会科学院、巴西国际关系研究中心、巴西二十国集团智库、里约热内卢联邦大学共同主办的二十国集团(G20)智库论坛召开，论坛主题为“全球治理与中巴合作”。

15日，由新华通讯社、中共陕西省委、陕西省人民政府共同主办的“一带一路”国际智库合作论坛暨第二届丝绸之路(西安)国际传播大会在西安举办，会议主题为“高质量共建‘一带一路’，助力世界各国现代化”。会上，新华社国家高端智库发布报告《八项行动奠定共建“一带一路”新十年良好开局》。

16日，由中共中央对外联络部与中央广播电视总台联合主办、总台CGTN承办的“全球南方”国家智库论坛在北京举行，会议主题为“和平·发展·安全　携手共建命运与共的繁荣世界”。

是日，上海国有资本运营研究院主办，德必集团、上海申威资产评估有限公司共同协办举办2024园区国资高质量发展(上海)论坛。

18日，由武汉大学主办，武汉大学经济与管理学院、法学院、信息管理学院承办的第六届珞珈智库论坛召开，会议主题为“新质生产力赋能高质量发展”。

19日，由中国石化、中国国际工程咨询有限公司联合主办的第二届石化产业高质量发展论坛在北京举行，论坛主题为“如何实现石化产业的高质量发展”。

18—20日，由南京大学和崔钟贤学术院联合主办的“南京论坛2024”在江苏南京举行，会议主题为“传统·转型·创造——东亚的现代化”。

22—24日，由中国科协主办的2024年世界科技与发展论坛在北京举行，论坛主题为“面向未来的科学技术”。

24 日，由河南省社会科学院与中国（海南）改革发展研究院联合主办的中国式现代化与枢纽经济高质量发展暨第十七届中原智库论坛在河南郑州举行。

是日，由中国社会科学院和中国日报社共同主办的全球战略对话 2024 智库论坛在北京召开，论坛主题为“世界变局中的大国责任”。

25 日，由山东社会科学院、烟台大学、中泰证券股份有限公司联合主办的 2024 泰山智库论坛在山东烟台举办，论坛主题为“进一步全面深化改革‘走在前、挑大梁’”。

24—25 日，上海国际问题研究院主办的第十二届亚信智库论坛在上海举行，论坛主题为“多极化世界中的亚洲新角色”。

26 日，由中国社会科学院西藏智库、中国社会科学院民族学与人类学研究所主办，中国社会科学院民族学与人类学研究所藏学与西藏发展研究室承办的第八届西藏智库国际论坛在北京召开，论坛主题为“包容与发展”。

29—30 日，由中共德宏州委、德宏州人民政府、云南省社会科学院、中国（昆明）南亚东南亚研究院、缅甸战略与国际问题研究所联合主办的第五届中缅智库高端论坛在德宏州府芒市举行，论坛主题为“加快推进中缅国际大通道建设，持续深化中缅经贸合作”。

11 月

1 日，由中共中央党史和文献研究院对外合作交流局主办的第五届海外当代中国研究国际高端论坛在深圳召开，论坛主题为“三大全球倡议的海外认知与对外传播”。

6 日，由江西省委政研室、江西省政府政研室、江西省社科联、江西省科学院、江西省社会科学院主办的江西省新型智库联盟成立大会暨2024年江西智库沙龙召开,沙龙主题为“全面深化改革、奋力谱写中国式现代化江西篇章”。

8日,新华社国家高端智库在秘鲁利马发布《携手推动高质量发展 共筑亚太命运共同体》智库报告,向全球阐述面向未来的亚太经济合作组织发展成效与中国行动。

9日,在长江经济带高质量发展论坛上,中国人民大学国家发展与战略研究院、中国人民大学长江经济带研究院、中国人民大学信息资源管理学院等共同研制发布《长江经济带“人才友好型城市”指数研究报告》。

11—12日,新华通讯社和巴西通讯公司在巴西圣保罗联合主办首届“全球南方”媒体智库高端论坛,论坛主题为“唱响‘全球南方’主旋律 开启发展振兴新征程”。

13—17日,由复旦大学与中共中央对外联络部“一带一路”智库合作联盟联合主办的第八届“一带一路”与全球治理国际论坛在上海召开,论坛主题为“新质生产力与‘一带一路’金色十年”。

14日,由上海市社联、江苏省社科联、浙江省社科联、安徽省社科联共同主办,苏州市社科联承办的第六届长三角江南文化论坛在苏州召开,论坛主题为“以江南文化传承创新推进中国式现代化”。

15日,前瞻产业研究院发布《2024年前瞻中国AI大模型场景应用趋势蓝皮书》。

19日,中央财经大学中国互联网经济研究院、经济学院、中国移动研究院(中移智库)与社会科学文献出版社联合发布《互联网与数字经济蓝皮书:中国互联网与数字经济发展报告(2024)》。

20日,60家来自欧、亚,以及港、澳等地区的世界互联网大会会员单位智库和全球互联网领域国际高端智库参与启动世界互联网大会智库合作计划。

21 日，在 2024 年世界互联网大会乌镇峰会上，中国网络空间研究院发布《中国互联网发展报告 2024》和《世界互联网发展报告 2024》蓝皮书。

22 日，由中央党校（国家行政学院）、中央党史和文献研究院、北京大学、中国日报社共同主办的第五届发展中国家国家治理高端智库论坛在北京召开，论坛主题为“携手推进‘全球南方’现代化事业”。

是日，中国社会科学院台湾研究所、全国台湾研究会、厦门大学台湾研究院、台湾 21 世纪基金会、台湾中国文化大学中山与中国大陆研究所在广东中山共同举办第十届两岸智库学术论坛，会议主题为“新形势下两岸关系的机遇与挑战”。

是日，江苏省科协、上海市科协、浙江省科协、安徽省科协在南通共同举办第二届长三角科技智库大会，会议主题为“‘智’汇区域一体化‘策’动新质生产力”。

26 日，新华社国家高端智库和习近平生态文明思想研究中心共同发布《让世界读懂美丽中国的“绿色密码”——习近平生态文明思想的中国实践与世界贡献》报告。

27—28 日，由湖北省人民政府、中国社会科学院主办，湖北省委宣传部、湖北省社会科学院承办的长江高端智库对话·2024 论坛在武汉召开，论坛主题为“建设新型智库　服务战略发展”。会上成立长江高端智库联盟。

28—29 日，由中国社会科学院、中国—中东欧国家合作秘书处主办的第十届中国—中东欧国家高级别智库研讨会在北京召开，会议主题为“变化世界中的中国与中东欧国家合作：共谋发展、共话未来”。

29 日,由长三角区域合作办公室作为指导单位,长三角高校智库联盟主办,复旦大学长三角一体化发展研究院、复旦发展研究院共同承办的 2024 长三角高校智库峰会在上海举行,会议主题为“探寻跨区域科创协同新路径,构建长三角改革开放新格局”。

30 日,由南京大学和兰州大学主办、江苏省社会科学院协办的智库助推国家治理体系和治理能力现代化论坛在兰州召开,论坛主题为“贯彻落实党的二十届三中全会精神,智库助推国家治理体系和治理能力现代化”。

是日,由广东省粤港澳大湾区智库联合会和暨南大学主办,暨南大学“一国两制”与基本法研究院承办的 2024 年粤港澳大湾区智库学术交流活动在广州举行,活动主题为“坚持和完善‘一国两制’,塑造大湾区发展新动能”。

12 月

2 日,由中国—中东欧国家创新合作研究中心主办的 2024 中国—中东欧国家创新合作智库圆桌会议在宁波举行,会议主题为“智库引领合作共赢”。

3 日,中国人权发展基金会、新华社国家高端智库联合发布中英文智库报告《中国视力残疾人文化权利保障的实践与启示——从“光明影院”公益项目谈起》。

4 日,由中国人民对外友好协会和全球化智库共同主办、中国友好和平发展基金会等单位支持的 2024 年第九届中国全球智库创新年会在北京举行。

是日,由新华社研究院、新华社品牌工作办公室、中国经济信息社、瞭望智库主办的 2024 新华中经智库年会在海南博鳌召开，会议主题为“深化改革　引领创新　智启未来”。

是日，由新华网主办的 2024 数字科技创新发展大会在海南博鳌召开，会上，由新华网联合中国电子信息产业发展研究院编制的《实体经济和数字经济深度融合发展报告（2024）——实数融合赋能新质生产力发展》发布。

6 日，由湖北长江出版传媒集团有限公司指导、长江教育研究院与中关村互联网教育创新中心联合主办的 2024 教育智库与教育治理 50 人圆桌论坛在北京举办，论坛主题为“教育强国建设背景下新时代教育智库的使命与担当”。

是日，由中国国际发展知识中心撰写的《全球发展报告 2024》在北京发布，报告主题为“动荡变革的世界：合作应对全球共同挑战”。

是日，由粤港澳大湾区国资国企智库联盟主办、南网能源院承办的粤港澳大湾区国资国企智库联盟 2024 年年会暨研究成果发布会在广州举办，会议发布了《国资国企服务粤港澳大湾区高质量发展报告（2024 年）》。

8 日，由中国石油集团经济技术研究院、非洲政策研究所、中国石油非洲公司、中国石油乍得公司联合主办的 2024 中非智库能源论坛在乍得首都恩贾梅纳举办，论坛主题为“携手推进中非能源合作现代化，赋能中非能源协同合作新机遇”。

9 日，由广东省社科联、广东省社会科学院主办的第十三届南方智库论坛在中山市举办，论坛主题为“进一步全面深化改革与推进中国式现代化”。

10 日，由江苏省哲学社会科学界联合会、新华报业传媒集团主办，新华日报社新华传媒智库、江苏智库研究与交流中心联合承办的 2024

年第五期江苏智库沙龙在南京举行，沙龙主题为“新型智库成果的传播与转化”。

11—12 日，由北京大学主办的全球高校智库大会 2024 在北京召开，会议主题为“变动时代的全球治理”。

12 日，由中国科学院人工智能产学研创新联盟主办，科大讯飞股份有限公司、中国发展战略学会智库专委会、中国发展战略学会人工智能专委会承办的中国科学院人工智能产学研创新联盟 2024 年会暨第七期人工智能创新大讲堂在北京举办，会议主题为“人工智能助力科研范式变革(AI for Science)”。

13 日，由山东省智库联合会(山东智库联盟)、山东社会科学院主办，山东社会科学院智库研究中心、中共聊城市委宣传部、聊城市社科联(院)、中共东阿县委、东阿县人民政府承办的山东省智库联合会(山东智库联盟)年会暨中医药文化产业高质量发展研讨会在聊城市举行。

14 日，由新华社上海分社、新华网、同济大学国家创新发展研究院联合主办的长三角智库圆桌会议在上海举行，会议聚焦长三角、上海市的智能软件产业发展。

16 日，由香港大学当代中国与世界研究中心(CCCW)与南京大学中国智库研究与评价中心共同举办的智库研究圆桌研讨会在香港大学以线上和线下结合的形式召开，会议主题为“中国新型智库建设十年回顾与前瞻”。

19 日，中国电子信息产业发展研究院发布《中国新型显示产业高质量发展指数(2024)》。

20 日，由中国宏观经济研究院(国家发展和改革委员会宏观经济研究院)组织编写的“因地制宜发展新质生产力丛书”在北京发布。

25 日，由中国人民大学国家发展与战略研究院主办的数字时代的智库建设与舆论传播圆桌论坛暨国发院中文官网新版发布仪式在北京召开。

27 日，由海南省社科联、海南省社会科学院、湖南省社会科学院（湖南省人民政府发展研究中心）主办的习近平文化思想生动实践之琼湘文化对话会在海南三亚举行。

30 日，第一财经研究院发布《跨越山海｜2024 中国企业全球化报告》。

是日，中国社会科学院在北京举行成果发布会，会议主题为“构建中国哲学社会科学自主知识体系”，会上发布 22 项重大成果。

是日，由国家制造强国建设战略咨询委员会主办，中国工程院战略咨询中心、中国机械科学研究总院集团有限公司、国家工业信息安全发展研究中心承办的《2024 中国制造强国发展指数报告》发布会在北京召开。

二、企业智库建设情况调研问卷

1. 企业名称［填空题］

____

2. 所属行业［填空题］

____

3. 企业智库建设的主要载体［填空题］

____

4. 企业智库建设载体的成立时间或者开始开展智库建设工作的时间？［填空题］

____

5. 企业智库建设的载体是否为独立运行及是否有独立的办公场所？［单选题］

○独立运行且有独立办公场所

〇独立运行但无独立办公场所

〇未独立运行，由企业某部门承担相关职能

6. 是否专门编制了智库专项建设规划或管理办法？［单选题］

〇是

〇否

7. 智库建设经费的主要来源？（可多选）［多选题］

□所属企业的专项智库建设经费

□所属企业智库项目立项的课题经费

□承接政府决策咨询课题经费

□承接其他机构研究课题经费

□基金会或其他社会组织捐赠经费

□其他______________________________

8. 智库治理结构是否健全，是否有以下组织？［多选题］

□理事会（或发挥相似功能的组织）

□学术委员会（或发挥相似功能的组织）

□专家咨询委员会（或发挥相似功能的组织）

□专门的智库管理运营部门

□无

9. 在推进智库建设中已形成了哪些办法或制度？［多选题］

□人才引进培养制度

□考核、激励办法

☐经费管理办法

☐项目全流程管理制度

☐成果质量管控和跟踪评估机制

☐无

10. 国内外有较大影响力的领军人物：________(人)；专职研究人员：________(人)，其中硕士以上________(人)，高级职称________(人)；外部专家：________(人) [填空题]

11. 主要的智库人才引进渠道有哪些？[多选题]

☐政府退休领导

☐高校专家

☐其他企业的人才

☐其他科研机构的人才

☐与高校联合培养的博士

☐其他 ________________________________

12. 与外部专家的合作方式有哪些？[多选题]

☐邀请专家担任课题顾问

☐邀请专家牵头课题研究

☐邀请专家担任课题评审专家

☐其他 ________________________________

13. 决策咨询成果上报渠道是否畅通，是否为独立渠道？[单选题]

○有独立畅通渠道

○无独立渠道，但是可依托上级部门或合作单位渠道上报成果

○尚未打通渠道

14. 智库建设中采用哪些形式开展决策咨询？［多选题］

□参与政策制定（含文件起草、前期研究等）

□委派专家或研究团队参加决策咨询类座谈会

□承接政府、企业或其他组织委托的专业性研究项目

□咨政报告或决咨研究专报

□咨政类定期出版物（如蓝皮书类系列报告、专著等）

□其他 ________________

15. 一般在哪些渠道公开发布最新智库/决策咨询成果？［多选题］

□中央级主流媒体

□省级或地方性主流媒体

□智库/决策咨询类刊物

□智库建设载体的网站、微信公众号

□总公司网站、微信公众号

□其他 ________________

16. 企业建立了哪些与智库相关的数据库？［多选题］

□专家库

□项目库

□成果库

□行业相关的数据库

□其他 ________________

17. 相关数据库对企业智库研究有没有发挥支撑作用?[单选题]

○有,支撑作用明显

○有,支撑作用有限

○无

18. 是否主办行业性报纸期刊?[多选题]

□报纸 ______________________________

□公开期刊 ______________________________

□内部期刊 ______________________________

□无

19. 每年举办的国家级论坛或会议数量:________(场),区域级论坛或会议数量:________(场),国际论坛或会议数量:________(场)[填空题]

20. 已与国内哪些组织/机构建立了合作网络?[多选题]

□政府部门

□科研院所

□高校

□企业

□学会、协会

□联盟______________________________

21. 公司系统内部是否建立了协同研究网络?[单选题]

○已建立,而且发挥了积极的支撑作用

〇已建立，但运行不畅，未发挥有效支撑作用

〇未建立

22. 开展国际合作的形式有哪些？［多选题］

□举办国际性会议论坛

□参与国际项目研究

□参与国际性组织或与国外机构合作建立研究平台

□使用外文发表出版成果或在国际重要媒体发声

□出访、接待来访

□建立国外分支机构

□其他 ______________________________

23. 贵单位在推进智库建设中遇到哪些困难？［多选题］

□专项经费缺乏

□专职研究人员不足

□管理机制不够灵活

□开放合作网络尚未建立

□成果数量不足

□成果报送渠道单一

□成果评价机制不健全

□成果推广宣传不够

□其他 ______________________________

24. 贵单位 2024 年度在智库研究方面聚焦的重要议题有哪些？［多选题］

□国企改革

□人工智能

□“一带一路”

□数字经济

□科技创新

□经济政策

□国家安全

□绿色发展

□产业发展

□能源发展

□其他 ______________________________

25. 贵单位对智库建设有哪些诉求或建议?[多选题]

□中央或地方相关管理部门为企业智库发展提供更加优待的政策

□更加顺畅的人才旋转门机制

□更加畅通的成果上报渠道

□更加充足的经费支持

□更加完善的智库管理制度

□政府相关部门更加公开、透明的课题信息发布机制

□更多的企业智库合作互动平台

□其他 ______________________________

图书在版编目(CIP)数据

中国智库报告. 2024 : 进一步全面深化改革与中国新型企业智库建设 / 陶希东等编著. -- 上海 : 上海社会科学院出版社, 2025. -- ISBN 978-7-5520-4801-8

Ⅰ. C932.82

中国国家版本馆 CIP 数据核字第 2025E4K886 号

中国智库报告(2024)

——进一步全面深化改革与中国新型企业智库建设

编　　著: 陶希东　杨亚琴　等
责任编辑: 董汉玲
封面设计: 裘幼华
出版发行: 上海社会科学院出版社
　　　　　上海顺昌路 622 号　邮编 200025
　　　　　电话总机 021-63315947　销售热线 021-53063735
　　　　　https://cbs.sass.org.cn　E-mail: sassp@sassp.cn
排　　版: 南京展望文化发展有限公司
印　　刷: 上海新文印刷厂有限公司
开　　本: 720 毫米×1000 毫米　1/16
印　　张: 16
插　　页: 2
字　　数: 200 千
版　　次: 2025 年 8 月第 1 版　　2025 年 8 月第 1 次印刷

ISBN 978-7-5520-4801-8/C·241　　定价: 85.00 元